把自然主义和本质主义的观念夺取的两性关系，重新纳入历史，进而归还给历史。

——皮埃尔·布尔迪厄

布尔迪厄作品

男性统治

LA DOMINATION MASCULINE

[法]皮埃尔·布尔迪厄（Pierre Bourdieu） 著
刘晖 译

中国人民大学出版社
·北京·

总　序

根植于马克思、韦伯和涂尔干所代表的欧洲社会学传统，以20世纪60年代法国学术圈为背景，布尔迪厄的作品既是一个延续，也是一个断裂，是对来自不同路径的既得知识的带有批判性的系统化。如果用涂尔干与“常识”决裂的经典视角来解读的话，其作品也可以被描述为社会科学领域的一次“象征革命”。这在很大程度上要归功于布尔迪厄在一系列经典对立关系中发现第三个立场的能力，如个人与社会、心理结构和社会结构、历史和结构、自由和决定论、相对历史主义和普世理性主义、主观主义和客观主义、积极投入和保持距离等对立关系。正是通过这一能力，布尔迪厄逐渐建立了一种范式，可以总结为“资本”“场域”“惯习”的概念三部曲。这一范式与反思的原则不可分割，而这一反思的原则可以被理解为使客观化主体科学地客观化的过程：对于自我的认知，事实上在这里被视作发表关于世界现实的言论的一个必要前提。基于经验研究，布尔迪厄的作品可以被描述成一部“象征资本的经济学”（其“资本”的概念可以拆分为“经济资本”“文化资本”“社会资本”和“象征资本”，后又可依照各个相对独立的场域，被界定为相应的特定资本）；他的“再生产理论”对于资本分配的不平等的描述（包括其中的“失败者”和“奇迹般的成功者”）印证了这一点，其象征冲突和象征革命理论（在文学领域通过分析福楼拜来展示，在艺术领域通过分析马奈来进行）也体现了这一点；再如其“实践总体理论”（在分析中呈现为惯习和场域的碰撞）；又如他的“统治关系理论”以及形式繁多的象征暴力在不同社会空间中的体现（阶层统治、男权统治、殖民统治等）；最后，他未能完成的“场域总体理论”中也呈现了这一点。

今天，布尔迪厄的作品被当代知识界的不同领域使用、引用、讨论和批判，这些领域从教育社会学到语言哲学，再到认识论，还包括了民族学、政治学、制度主义经济学。如果说布尔迪厄可以被视作我们这一时代的主要思想家之一，其作品角度的多维性和形式的多样性则使得其无法被惯用的学科划分方法归类，无法判定其作品只属于某一学科。如果说布尔迪厄确实是一名社会学家的话，则同时也可以说他是一位哲学家：20世纪50年代末他所着手解决的正是一组哲学问题，他所采用的方法使人想起涂尔干的研究路径，后者在20世纪刚刚来临时，尝试使康德的哲学“社会学化”。而布尔迪厄也是一个“社会科学家”：正如对于他的作品的不同形式的采纳和接受所印证的，他的作品涉及了大部分社会人文学科，如语言学、文学、政治学、经济学、人口学、历史学，乃至认知科学。

出于介绍其作品的目的，我想提几个在理解他的作品时，尤其是在其作品传播到遥远的国度时会产生的障碍。我坚信对这些问题的了解，可以帮助读者提高逾越这些障碍的可能性，虽然这可能只是一个幻想。

首先，我们不能否认布尔迪厄文字中固有的、在语义上和句法上的理解难度。即便是内行的读者，也无法避免在理解他的作品时出现困难（当然，对于翻译者也是如此）。这一困境与他论述过程的稠密度有关，与其举例的丰富度有关，还因其经常侧面指出其引用的例子可能具有的同源性(homologie)，也因其总是考虑到界定他的论述的有效条件和范围，预见到可能出现的异议或者误读，还由于他经常使用为了切断与常识的联系而建构的概念上的习惯用语，更由于他的句子结构总是那么复杂，而这一复杂句式的建构一方面反映了社会过程相互联系的特点，另一方面也反映了一个自省的思想是如何进行的。

布尔迪厄的著作对于外行来说难以接近，对于知识分子来说，出于不同的原因，阅读起来也并不容易。除了属于知识分子们自己特有的经院环境以外，布尔迪厄的作品切断了知识分子和社会世界之间迷人的联系和知识分子与他们自身社会地位的联系，他摆脱了主体性哲学、存在主义者的人道主义、60年代末以萨特为代表的激进主观主义，也摆脱了无主体性哲学、结构主义下的反人道主义和列维-斯特劳斯所代表的客观主义。与此同时，其著作与文学哲学传统下统治整个法国知识界的理论至上主义决裂，也与支配着全世界研究走向的美国社会学所推广的实证经验主义相抗衡。正因如此，布尔迪厄的著作被主观主义者视作“客观主义”，被结构主义者定义为“人道主义”，被经验主义者划分为“理论主义”，并被历史哲学家视作“实证主义”，其著作的接受过程曾经在很大程度上由不真实的边界和人为的分割所左右，正是这些边界划分着一个国家所有的领域，并一直被布尔迪厄质疑（Brubaker，1985）。

虽说布尔迪厄的著作具有让知识分子们感到为难的所有特质，但在理解过程中最容易出现的问题大概在于把其著作矮化为纯理论著作的阅读方式，以及通过这种方式来评论书中的概念，而不是使用它们。对其著作的误解一方面产生于对其研究路径的误读，另一方面来自对其研究意图的错误认识。布尔迪厄在知识生产上的实践不能被简单归类为“理论生产”：“我建构的理论工具不是为写评论或者写注释而设计的，而是为了在新的研究中使用的。”（Bourdieu，1993：27）如果布尔迪厄提醒人们不要拿他的著作来进行“哲学性”阅读或“理论性”阅读，这是因为他最想传递的是一种“科研惯习”，是一个普适的、对于社会学者这一职业必不可少的倾向性（disposition）系统。对理论至上主义的提防导致对经验主义的警惕：沉浸在经验现实中会使人自然而然地把观察到的案例建构为一种可能性，而这一可能性又被置于一个可能出现的形势是被限定的世界中。

除了这些困难，还要加上国际观念贸易自身形成的一些障碍（Bourdieu，2002）。除了语言障碍、民族主义障碍、偏见和刻板印象这些在知识生活中大概不比其他社会领域要少的问题，还有根植于国际观念贸易逻辑的误解的结构性原因。借鉴了马克思的观念，布尔迪厄用“无上下文的文本流通”来分析这一结构性障碍。各国的知识领域的结构如同国际观念贸易中的一个文化中介；出口国的结构决定产品的形式，而接受国如同某种思维透镜一般挑选、曲解那些可以在它们自己的背景中找到共鸣的思想，并用地方上的理论方言把这些思想转译出来。然而，接受了这些进口观念的人们，在绝大多数情况下，忽视了生产这些观念的场域，忽略了构想它们的场域在科学层面的可能性以及这些观念原本的意义和作用。在此之上，它们自发地依据接受地的场域结构重新阐发了这些观念，并通过感知模式和阐释模式把它们与接受地的背景联系起来。一个来自外国的文本所持有的意义和作用正是这样被确定下来的，至少无论对于接受地还是对于来源地都是一样的。“错位误读”效应与观念的国际化流通密不可分，这一效应基本上表明了引进著作在来源地的含义和客观地位与其接受者在接受地的立场不可避免的相互影响。与来源地的知识界在距离上的遥远和熟悉感上的缺失使人倾向于把布尔迪厄作品的复杂性归咎于巴黎知识界的特殊性（“法国例外论”）。翻译所固有的碎片化（正如与此相反的使一部著作的不同阶段同步化）使人们无法理解一个著作的阐释逻辑：它中断的地方、它修正的地方、它重读和修改的地方。超越这些障碍意味着采用一种社会衍生学的角度来看待一部作品：超越关于一个国家内部生产场域的社会学和其中孕育的国家性的思维分类法。在这一视角下，人们应该把这一分类法解释清楚，通过研究教育制度史和文化生产的场域，使一个国家在文化上的潜意识结构浮出水面，而这正是思维体系的历史基石。这样，我们才可以把社会科学在超越各国内部知识生产场域界限而流通的过程中所产生的扭曲误解变得显而易见，而这一过程可能可以抵消或者减少这些曲解。

但是，正因为“所有的科学都藏在某处”，又因为斗争的输赢才是社会学的研究对象，我觉得理解布尔迪厄著作的主要困难不在于其复杂的句法和晦涩的措辞，不在于知识分子学究式的偏好，亦不在于国际观念市场的内在困难，而在于整个批判社会学事业所带来的困境。对其著作的理解消化首先碰触到的，是或多或少被牢牢内化的反对所有社会学尝试揭露内情时会遇到的阻力，这不仅仅是有时社会学质疑的一些关键利益，还有常识上的一些模式。社会学的工作很少使我们到达被称为清晰的境界，换句话说就是为情理之中的事情提供证据：主体性哲学和各种形式的主观主义幻觉都明显比社会学的客观化过程所带来的结果离常识想法更近，所以“理性选择理论”也明显比“惯习理论”离常识的距离更近。此外，作为除魅者，社会学的主张经常被（错误地）视作囚禁在一种命运里，而社会学家也经常被看成扫兴者。与其说社会学真的是一门除魅或者灭圣的科学，不如说它其实是一门“扰人的科学”（Bourdieu，1980）。因为它揭露出隐藏在背后的有时被抑制的东西，还因为它经常与统治者的利益相违背，部分由于这些利益隐匿于缄默的表面之下或于情理之后，而情理经常告诉人们事情就应该是这样的且无法是其他的样子。

热拉尔·莫热（Gérard Mauger）

2016 年 4 月于巴黎

参考文献

Bourdieu P.，1980，“Une science qui dérange”，*in* Bourdieu P.，*Questions de sociologie*，Paris，Les Éditions de Minuit，p. 19-36.

Bourdieu P.，1993，“Concluding Remarks：For a Sociogenetic Understanding of Intellectual Works”，*in* Calhoun C.，LiPuma E.，Postone M.，*Bourdieu：Critical Perspectives*，Cambridge，Polity Press.

Bourdieu P.，2002，“Les conditions sociales de la circulation

internationale des idées", *in Actes de la recherche en sciences sociales*, n° 145, p. 3-8.

Brubaker R., 1985, "Rethinking classical sociology: the sociological vision of Pierre Bourdieu", *Theory and Society*, 14, n° 6, p. 745-775.

热拉尔·莫热（Gérard Mauger）

社会学家，法国社会科学院荣誉研究员，欧洲社会学和政治学中心研究员，该中心为布尔迪厄联合索邦大学的政治科学中心共同创立的。莫热先生曾任教于巴黎高等社会科学院（EHESS）、巴黎高等师范学院（ENS），曾为"调查—田野理论"（Enquêtes terrains théories）团队和"跨学科实践"（Pratiques de l'Interdisciplinarité）硕士项目的成员。

莫热先生学术上的研究领域包括年龄和代际关系社会学、犯罪社会学、文化实践社会学和政治社会学，并有著述十多本，如《年龄和代际关系》（*Âges et générations*, Paris, Éditions La Découverte, coll. "Repères", 2015）、《青年犯罪社会学》（*La sociologie de la délinquance juvénile*, Paris, Éditions La Découverte, coll. "Repères", 2009）、《读

者的历史》（*Histoires de lecteurs*，Paris，Éditions Nathan，coll. “Essais et Recherches”，1999）。此外，自 20 世纪 80 年代，他便作为布尔迪厄的合作者参与其团队的科研工作。在布尔迪厄逝世后，莫热先生撰写并组织出版了多部总结整理布尔迪厄学术遗产的论文集，如《遇见布尔迪厄》（*Rencontres avec Pierre Bourdieu*，Bellecombe en Bauges，Paris，Éditions du Croquant，2005）和《阅读布尔迪厄》（*Lectures de Bourdieu*，Paris，Ellipses，2012）。

序　言

随意性的永久化

在这本书中，我基于许多关于两性关系的研究成果， 7
明确、支持并修正了我从前对同一主题的分析。本书对性秩序的（观察到的或希望的）永久性及变化问题提出了明确质疑，而这个问题也总是被大部分分析者（和我的批评者）不厌其烦地提到。也正是引入并规定这种天真的并天真地带有规范性的取舍，才导致不顾明显事实，把性结构以及性结构借以被认识的模式的相对稳定性的证明，看作一种否定和谴责妇女状况变化的方式，这种方式是应该受谴责的，并立刻受到了谴责，它是虚假的，并立刻遭到了对这种状况的所有变化之强调的驳斥。

对这个问题，也应该以另一个问题来予以反对，后者在科学上更恰当，并且在我看来，无疑在政治上也更急迫：如果肯定这一点，即两性关系不像这种肤浅的观察让人以为的那样变化很大，而且为对于一个保存特别好的男性中心社会（比如我在20世纪60年代初能够看到的卡比利亚社会）的客
8 观结构和主观结构的认识，提供了若干工具，帮助理解这些关系在当代经济最发达的一些社会中的状况的某些掩盖得最好的特征，那么应当考虑，为性别划分结构和为相应观念原则的相对非历史化和永久化负责的历史机制是什么。用这些术语提出问题，标志着在认识范畴内的一种进步，这种进步可能是在行动范畴内的一种决定性进步的根源。在历史中表现为永恒的东西不过是一种永久化作用的产物，这种永久化作用由（互相联系的）机制如家庭、教会、国家、学校承担，但在另一个范畴内，则由体育运动和新闻业承担（这些抽象的概念是复杂机制的简单速记名称，应在每种情况下分别分析这些概念的历史特性），从而把自然主义的和本质主义的观念从这些机制中抽取出的两性关系重新纳入历史，进而归还给历史——而不是如有人想让我说的那样，试图终止历史并剥夺妇女历史行动者的角色。

一项动员事业应该首先以反对这些非历史化的历史力量为导向，这项事业力求通过遏制历史的遏制机制，让历史重新发挥作用。这种特有的政治动员，为妇女提供了一种集体反抗行动的可能性，这种行动是以司法的和政治的改革为方向的。因此这种动员既反对所有关于两性差别的（生物学主义的和心理分析的）本质主义观念所鼓励的服从，也反对被归于个人行为或某些女权主义女理论家所主张的那些总是重复的不着边际的“偶然事件”：那些与强大的日常陈规决裂的事件，如同朱迪丝·巴特勒青睐的“滑稽表演”一 9
样，无疑要求太多，而成果过于微薄，过于不确定。

要求妇女投入一项政治行动，并非要求她们与团结一致和互相支持的小集团的内倾反抗的诱惑决裂——无论这些小集团在家庭、工厂或办公室的日常斗争的成败中多么必要，都不像人们可能以为的或担心的那样，能够促使她们不经斗争就归附政治斗争的普通形式和规则，冒险加入并淹没在与她们自身的忧虑和利益无关的陌生运动中——而只是希望她们懂得参与到社会运动当中并依靠具有反抗性特征的组织，致力于创造并规定集体的组织和行动形式，尤其是具有象征性的有效工具，这些工具能够动摇促使她们的服从永久化的制度，而她们与同性恋者都是象征区别的特别目标之一。

前　言*

无疑，如果我不曾被我的研究的整个逻辑性吸引至此，我不会接受一个如此艰深的课题的挑战。事实上，我不断地在这个可以被称作信念的悖论（paradoxe de la doxa）的东西面前感到惊异：世界的本来秩序，连同它就本义或转义而言独一无二的、被禁止的意义，它的责任和制约，大体上是受到尊重的，其中并不存在很多违背或颠覆、不法行为和“疯狂”（只要想想巴士底广场或协和广场上五分钟的汽车通行意味着成千上万的意向——或意愿——不同寻 11

* 对我乐于向之表达谢意的人，我不大清楚一一列举他们的姓名是否会给他们带来有益或有害的影响，因此，我仅在这里对给我提供证据、材料、科学参考及意见的他们，特别是她们，表达深深的感激之情。同时，我希望，这项工作，尤其是工作的成果，无愧于他们或她们对此抱有的信任和期待。

常的协调就够了)。或者,更令人奇怪的是,法定的秩序,连同它的统治关系,它的权利和破格优待,它的特权和不公正,除了在几次历史事件中之外,能够如此轻易地永久延续下去,而最无法忍受的生存条件可能常常作为可接受的甚至是自然而然的现象出现。我也总是在男性统治及其
12 得到承认和接受的方式中,看到这种自相矛盾的服从的典型例子。此种服从是我称为“象征暴力”即温柔的、其受害者本身不易觉察的、看不见的暴力的结果。从根本上来说,这种暴力是通过纯粹的象征途径来实施的,这些象征途径不仅包括交流、认识,更确切地说,还包括不承认、承认,甚至情感。因此,这种非同寻常的寻常社会关系为我们提供了一个得天独厚的机会,让我们得以把握以一个既为统治者又为被统治者所认识和承认的象征原则的名义实施的统治的逻辑,把握一种语言(或一种发音),一种生活风格(或一种思考、谈话和行为的方式),以及,更普遍地说,一种区分的属性,即标志或烙印——从象征意义来看,最有效的属性就是完全随意、不十分重要的身体属性,即肤色。

我们很清楚地看到,在这些方面,首先应该做的是恢复信念的矛盾特征。为此,应该对我们的世界和我们自己

的世界观采取人类学家的视角，这个视角既赋予我们（没有）认识到的男女之间的差别原则以随意的、偶然的特征，又同时赋予它社会-逻辑必要性。当弗吉尼亚·伍尔夫（Virginia Woolf）意欲悬置她巧妙地称之为“统治的催眠权力”的东西时，她用一种人种学的类比将自己武装起来，并依照发生论的观点，将妇女的隔离与一种古老社会的仪式联系在一起：“我们不可避免地把社会看成一个共谋的地点，它吞噬了我们中的许多人在个人生活中有理由尊重的兄弟，强迫他充当一个巨人般的男性，有雷鸣般的声音、强有力的拳头，他以一种幼稚的方式，用粉笔在地上写下符号，人类就是在这些神秘的分界线中变得固定、刻板、 13
隔绝和不自然的。在这些地方，男人像野人一样用金子装扮自己，涂上朱红色，插上羽毛。他举行神秘的仪式，享受有权力和统治之嫌疑的乐趣；而我们，‘他的’妻子们，被囚禁在家庭之中，不许加入他的社会以及组成该社会的众多社会中的任何一个。”① “神秘的分界线”“神秘的仪式”：这种言语——祝圣仪式即一种新生的原则所产生的神秘变形和象征转变的言语——有助于指引研究趋向一种能

① V. Woolf, *Trois guinées*, trad. V. Forrester, Paris, Éditions des Femmes, 1977, p. 200.

够领会男性统治特有的象征维度的方法。

因此，应该要求关于象征财产经济的唯物主义分析想办法摆脱在“物质”与“精神”或“观念”之间实行的代价过高的取舍（这种取舍今天仍通过所谓“唯物主义”研究和所谓“象征性”研究的对立存留下来，前一种研究通过生产条件揭示性别之间的不对等，后一种研究通常是引人注目的，但也是不全面的）。从前，只有对人种学的一种极为特定的运用才可以实现弗吉尼亚·伍尔夫提出的计划，科学地把严格意义上的神秘活动客观化，我们所认识到的性别划分就是这种神秘活动的产物，换句话说，这种运用可以将对一个一贯按照男性中心的原则（卡比利亚传统）组织起来的社会的客观分析，看成对我们的无意识的一种客观考古学，也就是说，看成一种真正的社会分析的工具。①

14 这种借助外来传统的迂回策略，对于打破将我们与我们自己的传统联系在一起的那些骗人的熟悉关系是必不可少的。生物学表象与生物学的社会化和社会的生物学化长

---

① 为了证明我的意图不是最近转变的结果，请参照我很久以前的一本书的相关内容，我在书中强调了这样一个事实，即如果把人种学用在世界的性别划分上，它就能“变成社会分析的一种特别有力的形式”（P. Bourdieu，*Le Sens pratique*，Paris，Éditions de Minuit，1980，p. 246－247）。

期共同作用在身体和头脑中所产生的相当真实的作用相结合，以颠覆因果关系，并致使一种自然化的社会构造（作为性别习性的“性”）表现为随意划分的本质依据，这种随意划分是现实和现实的表象的根源，有时甚至被强加给研究本身。①

但是，这种对人种学的几近分析式的运用——通过将社会秩序中看起来最自然的东西即性别之间的区分历史化——剥夺了此种划分的自然性。它通过阐明稳定性和不 15
变量——其社会分析有效性的根源——并进而认可两性关系的一种保守表象，使“不朽的女性”神话凝聚的这种保守表象延续下去，这难道不会有风险？在这里，还需面对

---

① 因此，心理学家重新采用普遍的性别观念并不罕见，这种观念认为性别是截然分开的整体，没有交叉。这种观念没有看到男性能力和女性能力分配之间的重叠程度，没有看到在不同领域（从两性的外貌到两性的智力）观察到的差别之间的（数量）差异。更严重的是，在构造和描述他们的对象时，他们屡次为纳入日常言语的观念与区分原则所左右，要么努力衡量言语中提到的差别——比如男人会更“富于侵犯性”，女人会更“胆小怕事”这个事实——要么使用普通的却充满价值判断的词语描述这些差别。参见 J. A. Sherman，*Sex-Related Cognitive Differences：An Essay on Theory and Evidence*，Springfield（Illinois），Thomas，1978；M. B. Parlee，«Psychology：Review Essay»，*Signs：Journal of Women in Culture and Society*，1，1975，p. 119－138。——尤见 J. E. Garai 和 A. Scheinfeld 1968 年对两性的精神与行为差别的总结；M. B. Parlee，« The Premenstrual Syndrome »，*Psychological Bulletin*，80，1973，p. 454－465。

一个新的悖论，这个悖论强迫我们在涉及“女性历史”这类研究对象时，对所采用的方法进行彻底的革命：超越女性状况的一切可见变化、表现在性别之间的统治关系之中的不变量，难道不会迫使我们将历史机制和制度作为得天独厚的对象，而这些历史机制和制度在历史的进程中，却又不断地从历史中争得这些不变量？

这种认识上的革命在实践中，尤其在用于改变性别之间的物质和象征力量关系的当前状况的策略观念中，不会不起作用。如果这种统治关系的永久性原则，事实上或即使从主要方面来看，确实并不存在于其最明显的使用地点，也就是不存在于某种女性主义话语所关注的家庭单位之中，而是存在于某些类似学校或国家的机构之中，而这些机构是在最隐秘的空间中发挥作用的统治原则建立和推行的地点，那么这就是一个向女权主义斗争开放的、影响巨大的场（champ），因此，在反对统治形式的所有政治斗争中，女权主义斗争注定占据一个原始的和公认的地位。

目　录

第一章
一种放大的图像

男人和女人一旦包含在我们尽力领会的对象中，我们就会以认识或评价的无意识模式来归并男性秩序的历史结构；为了思考男性统治，我们甚至冒险求助于本身即统治产物的思想方式。要想跳出这个圈子，就必须找到一种实践策略，对科学客观化的主体进行客观化。这种策略，即我们将在这里采用的策略，旨在将一种超验的思考训练转变为一种实验室的实验。超验的思考训练力求探索“理解的类型”，或如涂尔干（Émile Durkheim）所说，探索“分类的形式”，我们通过这些形式构造世界（但这些形式源于这个世界，且基本上与这个世界是和谐一致的，尽管它们不被察觉）；而实验室的实验，旨在把对一个特定历史社会的客观结构和认识形式的人种学分析，当成对男性中心无 17

意识的一种社会分析活动的工具，这个工具能够对这种无意识的类型实行客观化。这个特定的历史社会既是外来的，又是隐秘的；既是陌生的，又是熟悉的。比如卡比利亚的柏柏尔社会。①

18 > 尽管卡比利亚的山民经历了征战和变化，无疑也因此受到了影响，但一些结构仍维持不变。这些结构受到一种行为和话语的实践的、相对不变的一致性的保护，这些话语部分地被习惯上的一成不变从时间中夺取，而这些结构代表了一种“男性自恋”观念和男性中心宇宙论的典范形式，这类观念和论点对所有地中海社会而言是共同的，而且一直延续到今天，只不过部分地、突然地出现在我们的认识结构和社会结构之中。对卡比利亚这一个案的选择很容易解释。我们知道，一方面，那里保持的文化传统构成地中海传统的一种范例（如果我们参考对不同的地中海社会如希腊、意大利、西班牙、埃及、土耳其、卡比利亚等的

---

① 如果我没以一种熟知卡比尔人观念的眼光重读弗吉尼亚·伍尔夫的《到灯塔去》，我就无法在小说中重新抓住其中隐含的对男性视角的分析（我将在后面介绍这种分析）。参见 V. Woolf，*La Promenade au phare-To the Lighthouse*，trad. M. Lanoire，Paris，Stock，1929，p. 24。

荣誉和耻辱问题所做的人种学研究，就会相信这一点[①])；另一方面，整个欧洲文化领域都无可争议地具有这种传统的性质，将在卡比利亚考察到的仪式与阿诺尔德·范·热纳普（Arnold Van Gennep）在20世纪初的法国所采集的仪式相对比即可以证明这一点。[②] 毫无疑问，我们本来也可以依赖古希腊传统，多亏有数不清的历史人种学研究致力于此，精神分析学才可以从中汲取其基本的阐释模式。但是，什么也无法取代对一个尚在发挥作用且相对而言仍可免受一知半解的再阐释（由于缺乏书写传统）的系统的直接研究：事实上，正如我在别处所指出的那样[③]，对希腊这样一个 19
社会集团的分析有可能使这个系统连续的、不同的阶段人为地同时化，尽管希腊的产生延续了若干个世纪；尤其有可能赋予某些文本相同的认识论地位，而实际上这些文本对古老的神话-仪式背景进行了不同的、或

① 参见 J. Peristiany（ed.），*Honour and Shame：the Values of Mediterranean Society*，Chicago，University of Chicago Press，1974，以及 J. Pitt-Rivers，*Mediterranean Countrymen. Essays in the Social Anthropology of the Mediterranean*，Paris-La Haye，Mouton，1963。

② A. Van Gennep，*Manuel de folklore français contemporain*，Paris，Picard，3 vol.，1937－1958.

③ 参见 P. Bourdieu，«Lecture，lecteurs，lettrés，littérature»，*Choses dites*，Paris，Éditions de Minuit，1987，p. 132－143。

深刻或肤浅的重新构建。因此，以人种学家自居的阐释者有可能将一些作者视为“天真的”信息提供者，这些作者已经以（准）人种学家的身份行事，他们的神话描述，即使是表面上最古老的神话描述，如荷马或赫西俄德的神话描述，也已经是包含了省略、变形和再阐释的学术性神话［有些人，比如米歇尔·福柯（Michel Foucault）在其《性史》第二卷中，选择从柏拉图开始考察性欲和主体，却不知道古老的地中海基石在这些人身上体现得更加明显：荷马、赫西俄德、埃斯库罗斯、索福克勒斯、希罗多德或阿里斯托芬，更不用说苏格拉底前的古希腊哲学家了。这意味着什么?］。同样的模棱两可也出现在所有自诩具有学术性的著作（尤其是医学著作）中，在这些著作中，我们无法分清哪些是从权威那里借鉴来的（比如，亚里士多德本人在一些基本方面，将古老的地中海神话变成学术性神话），哪些是从无意识的结构出发再创造出来，并得到被借用知识的担保人认可或批准的。

身体的社会构造

在一个类似卡比利亚社会的空间中，性的秩序并不是

按照原样形成的，性差别淹没在组成整个宇宙的一系列对 20
立之中，性属性和性行为过多地负载着人类学和宇宙学的决定。如果我们按照性本身的范畴考虑性属性和性行为，就会沦落到认识不到其深刻含义的境地。(在色情中得到完善的）性欲的原样构成使我们丧失了被赋予性征的宇宙学的意义，这种宇宙学植根于直接受到一种社会意义影响的社会化身体及其运动和移动的性拓扑学之中——比如向高处的运动与男性相关，意味着勃起或性行为中的支配地位。

基于男女之间的对立对（性或其他）事物和行为的划分，作为处于孤立状态的随意性，获得了进入一个同源对立系统的客观和主观必要性，这些同源对立包括高/低、上/下、前/后、右/左、直/弯（狡猾）、干/湿、坚挺/柔软、辛辣/无味、清楚/模糊、外（公开）/里（私下）等，其中的某些对立与身体的运动（高/低和升/降、外/里和出/进）相关。这些对立在差异中表现出相似，在实践转换和隐喻的无限游戏中，彼此协调，相反相成。同时，这些对立又互相抵触，能够赋予每种差别一种语义学的深度，这种语义学的深度来自协调、内涵与对应这些多种原因的决定。①

---

① 关于不同性别之间活动分配的详细情况，参见 P. Bourdieu，*Le Sens pratique*，*op. cit.*，p. 358。

这些普遍应用的思维模式，把在它们的推动下产生的这些特殊差别和特征（比如身体方面的）当作被纳入客观性的自然差别记录下来。与此同时，这些思维模式将这些差别和特征纳入一个表面上完全自然的差别系统，将它们
21 “自然化”。因此，这些思维模式引起的预测不断被世界的进程，尤其被所有生物学的和宇宙的循环证实。我们看不到统治的社会关系如何能够出现在人们的意识中，统治的社会关系是这些思维模式的源头并通过彻底颠倒因果关系，表现为一个完全独立于力量关系的意义关系系统的应用之一。神话-仪式系统在这里扮演了一个角色，这个角色相当于归于彼此分化的社会中的司法场的角色：在它提出的观念和区分原则客观上适合先存的区分需要时，它通过将法定秩序变成熟悉的、公认的、正式的存在，认可了这种秩序。

性别划分看起来似乎“存在于事物的秩序中”，我们有时为了谈论正常的、自然的东西不可避免要这么说：这种划分既以被客观化的状态存在于事物中（比如存在于房子中，房子的各个部分都有“性别”），存在于整个社会世界中；又以被归并的状态存在于身体中，存在于行动者的习性（habitus）中，习性作为认识、思想和行动的模式发挥

作用（在某些地方，如同在这里，出于交流的需要，我冒着可能重蹈我曾不断批评的唯智主义哲学覆辙的危险，用“认识范畴”或“结构”这些词，但我最好还是用“实践模式”或“配置”这些词；“范畴”这个词有时被接受，因为它能同时指涉一个社会单位——如农业劳动者等级——和一个认识结构，并表现将它们联系在一起的关系）。正是客观结构与认识结构之间的一致，存在的构造与认识的形式 22
之间的一致，世界的进程与人们对它的期待之间的一致，促成了与世界的这种关系。胡塞尔将这种关系描述为“自然态度”或“信念经验”——但是他没有强调它产生的可能的社会条件。这种经验把社会世界及其自在社会关系中构成的性别区分开始的随意区分理解为自然的、明显的，并照此理由包含着对合法性的一种完全认可。由于没有看到深层机制（比如使认识结构和社会结构达成一致的机制的作用），进而没有看到关于社会世界的信念经验（比如在我们的社会中，教育体系的再生产逻辑），哲学信仰迥然不同的思想家们会把所有合法化（或社会承认）的象征作用归咎于某些因素，这些因素属于多少有意识或意向性的表象范畴（“意识形态”“话语”等）。

男性秩序的力量体现在它无须为自己辩解这一事实上[1]：男性中心观念被当成中性的东西让大家接受，无须诉诸话语使自己合法化[2]。社会秩序像一架巨大的象征机器一
23 样运转着，它有认可男性统治的趋向，因为它就是建立在男性统治的基础之上的：这是劳动的性别分工，是对两性承担的活动及其地点、时间、工具的非常严格的分配；这是空间的结构，存在着专属男人的集会地点或市场与专属女人的家庭之间的对立，或在家庭内部，照管炉火的男方与照看牲畜棚、水和植物的女方的对立；这是时间的结构，劳动日、农事年或生命的循环中断的时刻是男人的，漫长的妊娠期是女人的。[3]

---

① 我们经常会看到，无论是在社会认识还是在语言方面，在某种程度上，阳性总是表现为无标记的、中性的，相形之下，阴性具有明确的特征。多米尼克·梅利耶在写作的“性别”确认状况中证明了这一点，女性特征仅被看作是存在的或不存在的（参见 D. Merllié, « Le Sexe de l'écriture: Note sur la perception sociale de la féminité», *Actes de la recherche en sciences sociales*, 83, juin 1990, p. 40 - 51）。

② 很明显，比如，我们实际上没有看到过解释性别等级的神话［也许除了关于大麦起源的神话（参见 P. Bourdieu, *Le Sens pratique*, *op. cit.*, p. 128）以及力图使男人和女人在性行为中的“正常”地位合理化的神话，我在下文还要说明这一点］。

③ 这里应该提及对神话-仪式系统的整个分析（比如，关于房屋内部空间的结构，参见 P. Bourdieu, *Le Sens pratique*, *op. cit.*, p. 441 - 461；关于劳动日的组织，参见 p. 415 - 421；关于农事年的组成，参见 p. 361 - 409）。我在这里只粗略地构造一个模式，邀请人种学“分析者”的读者，仔细阅读《实践意识》或至少仔细看一下下页的示意图。

相关对立的示意图 25

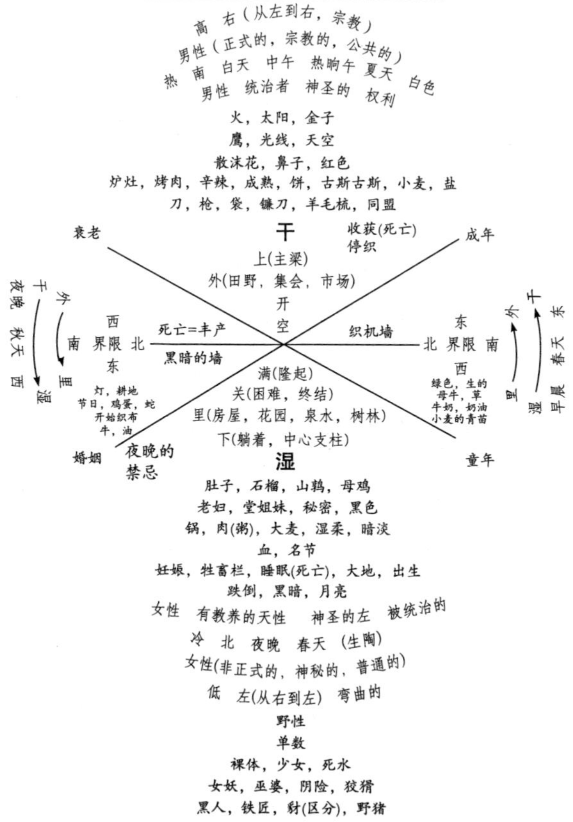

在看这幅图时，既可着眼于垂直的对立（干/湿、高/低、右/左、男/女等等），也可着眼于过程（生命循环过程，结婚、妊娠、生育，等等，或农事年过程）和运动（开/关、进/出等等）。

社会世界把身体构造为性别现实及性别的观念和区分原则的拥有者。这个被归并的社会认识纲要适用于世界上的所有事物，而且首先是生物学现实中的身体本身：这个纲要明确了一种符合世界的神话观念原则的生物学性别的差别，这种神话观念植根于男人统治女人的偶然关系之中，由于劳动分工，这种差别本身被纳入社会秩序的现实之中。性别之间也就是男性和女性身体之间的生物学差别，尤其是性器官之间的解剖学差别，可能表现为性别之间从社会方面被构造的差别的自然证据，尤其是劳动的性别分工的
24 自然证据。（身体及其运动是服从于一种社会建构作用的共相的模子，它们在意义上，特别是在性的意义上，既非完全确定，亦非完全不确定；所以，与它们相联系的象征主义既是约定俗成的，又是“理由充足的”，因而几乎被视为自然而然的。）由于社会观念原则构造了解剖学差别，而这种社会构造的差别变成了建立这种差别本身的社会观念的自然表象之基础和保证，我们因此陷入了一种循环的因果关系，它将思想围困在统治关系的明证性之中，统治关系既以客观区分的形式被纳入客观性，又以认识模式的形式被纳入主观性，认识模式是依据这些区分形成的，同时也形成了对这些区分的客观认识。

男子特征，从其伦理特征来看，作为力量（vir）、英勇（virtus）的本质，名誉问题（鼻子）、保持和扩大名誉的原则，至少暗中与生理上的男性气概密不可分，尤其是通过性力量显示——破坏未婚妻的童贞、子孙满堂等——真正的男人理应如此。众所周知，男性生殖器总是以隐喻的形式出现，很少被指明，也很少可以明指，它集中了授精力量的所有集体幻觉。① 它如同人们在分娩、行割礼或长牙期间所食用的馅饼或烘饼——“隆起”或“鼓起”。 26
鼓胀的暧昧模式是丰产仪式的发生原则，丰产仪式旨在借助鼓胀或促使鼓胀的食物，模拟鼓胀（男性的生殖器和女性的肚子），并且在男性力量授精的时刻如结婚——以及开犁的时候——变得必不可少，这是类似于开犁和丰产的行动的时机。②

结构上的模棱两可，由一种形态学联系（比如abbuch即阴茎与 abbuch 的阴性形式 thabbucht 即乳房

---

① 欧洲传统也将生理的或心理的勇敢与男性特征联系在一起（有勇气），并如柏柏尔人的传统一样，在作为名誉问题象征的鼻子的大小与男性生殖器的假定尺寸之间建立了明确联系。

② 关于自身鼓胀的食物如蚕豆和促使鼓胀的食物，参见 P. Bourdieu，*Le Sens pratique*，*op. cit.*，p. 412－415；关于从神话意义来看模棱两可、由多种原因决定和模糊不清的行为或物品的功能，参见 p. 426*sq*。

之间的联系）和某些与授精相关的象征的存在表现出来，这种模棱两可可以通过这个事实得到解释，即它们代表了生命的丰盈和孕育生命的人的不同表现（通过奶汁和类似奶汁的精液①：男人离家很久时，有人会对他们的妻子说，他们会带“一壶奶，一壶凝结的奶”回来；一个在婚外关系上不怎么严谨的男人，人们会说“他把奶倒在了胡子上”；yecca yeswa，“他又吃又喝”，意味着他做爱；抵制诱惑，就是“不把奶倒在胸脯上”）。在 thamellalts 和 imellalen 之间也存在着形态学的关系，前者指的是蛋，尤其象征女性的生殖力，后者指的是睾丸；人们说阴茎是孵两只蛋的唯一阳具。
27 同样的组合也出现在指涉精液的词中，zzel，尤其是 Laâmara，通过其词根 aâmmar（意味着充满、丰饶等）表示丰盈、充满生命和充实生命的东西。充满的模式（满/空、肥沃/贫瘠等等）通常与丰产仪式发生过程中

① 最能唤起联想的词是 ambul，这个词的本义是膀胱、大肠，但也指男性生殖器［参见 T. Yacine-Titouh，« Anthropologie de la peur. L'exemple des rapports hommes-femmes，Algérie »，*in* T. Yacine-Titouh（éd.），*Amour，phantasmes et sociétés en Afrique du Nord et au Sahara*，Paris，L'Harmattan，1992，p. 3 – 27；以及 « La féminité ou la représentation de la peur dans l'imaginaire social kabyle »，*Cahier de littérature orale*，34，INALCO，1993，p. 19 – 43］。

的鼓胀模式相结合。[①]

性器官的社会构造通过将男性生殖器勃起与一切自然生殖（发芽、怀孕等）过程中固有的鼓胀活力相联系，以象征的形式记录和认可了某些不可辩驳的自然属性。因此，这种构造与其他机制一道有助于将社会规范（nomos）的随意性转换为自然（phusis）的必要性。毫无疑问，正如我们所看到的，这些机制中最重要的是每种关系（比如满/空）进入一个同源和互连的关系系统。（这种对客观的、宇宙的尤其是生物学的过程的象征认可逻辑，在整个神话-仪式系统中起作用——比如，将种子萌芽视为复活，与之相当的还有认为祖父可因孙子取了他的名字而复活——为这个系统并进而为由于系统的一致性而得到加强的信仰提供几近客观的基础，系统就是信仰的对象。）

如果被统治者将作为统治结果的模式应用于他们的统治者，换句话说，如果他们的思想和认识按照强加给他们的统治关系的结构构成，那么他们的认识行为就不可避免地成了自己认可的、服从的行为。但是，无论自然世界的 28

① 关于满/空模式和充满，参见 P. Bourdieu，*Le Sens pratique*，*op. cit.*，p. 452－453，以及 p. 397（关于蛇）。

现实或过程与应用于它们的观念或区分原则之间的联系多么紧密，总存在着为了世界事物的意义，尤其是为了性现实的意义而进行认识论斗争的余地。其实，某些事物的部分不确定性允许对抗性的阐释，这些阐释为被统治者提供了一种反抗象征强制作用的可能性。因此，尽管占统治地位的认识模式（高/低、坚挺/柔弱、干/湿等等）致使女性对自己的性器官形成一种极端否定的表象①，但她们能够依赖这些模式，将男性的性特征视为悬垂的、柔弱的、没有活力的东西（laâlaleq，asaâlaq，也用来指洋葱或被刺穿的肉；或 acherbub，指老年人软弱无力、没有活力的性器官，这个词有时与 ajerbub，即“破布”连用）②；甚至利用男人的性衰退状态突出女性性器官的优势——比如在谚语中：

① 女人们认为她们的性器官只有在隐藏起来（“粘在一起的石头”）、聚在一处（yejmaâ）或在 serr（魔力）的保护下才是美的（男性性器官则不同，男性没有 serr，因为男性无法隐藏自己）。有一个词表明了这一点，即 takhna，它同“阴户”一样，被当成感叹词（A takhna!）来表示愚蠢（一张“takhna 脸”是一张变形的、平板的脸，没有漂亮鼻子衬托而凸显立体轮廓）。柏柏尔人用另一个词指涉阴道，还有一个更具贬义的词，即 achermid，意思是黏糊糊的。

② 所有这些词显然都是避讳的，某些表面上微不足道的词也是如此，比如 duzan 指事物、工具，laqlul 指碗碟，lah'wal 指配料，azaâkuk 指尾巴，这些词通常用作婉转措辞的代替物。在卡比尔人那里，同在我们的文化传统中一样，男性性器官至少在委婉的措辞中类似于工具、器械（“机械”“某东西”等）——也许应该把它与这个事实联系起来：在今天，操作技术工具一向是男人的分内之事。

“你，你的那玩意儿（laâlaleq）垂下来了，”女人对男人说，“而我，我是一块粘在一起的石头。”① 29

因此，性器官的社会定义并不是直接付诸认识的自然属性的一种简单记录，而是以一系列定向选择为代价，或更确切地说，通过强调某些差别或盲目夸大某些相似性而得以实行的一种构建的产物。阴道作为倒挂的男性生殖器的表象，是玛丽-克里斯蒂娜·普谢勒（Marie-Christine Pouchelle）在中世纪的一个外科医生的著作中发现的，这种表象同样遵循肯定与否定、正面与反面之间的基本对立，自男性原则作为衡量一切事物的标准被提出之时，这些对立就通行了。② 因此，了解到男女被视为同一生理状况的两个高低有别的变种，我们就可以理解，为何一直到文艺复兴时代，人们还不曾拥有描述女性生殖器的解剖学词汇，因为在人们的想象中，女性生殖器与男性生殖器是由相同的器官组成的，只不过组成的方式不同。③ 同样，正如伊冯

---

① 参见 T. Yacine-Titouh，«Anthropologie de la peur»，*loc. cit*。

② M. -C. Pouchelle，*Corps et Chirurgie à l'apogée du Moyen Age*，Paris，Flammarion，1983.

③ 参见 T. W. Laqueur，«Orgasm, Generation and the Politics of Reproductive Biology»，*in* C. Gallagherand，T. W. Laqueur（eds.），*The Making of the Modern Body：Sexuality and Society in the Nineteenth Century*，Berkeley，University of California Press，1987。

娜·克尼比勒（Yvonne Knibiehler）所指出的那样，19世纪初的解剖学家，特别是维雷（Virey），沿用伦理学家的话语，试图在女性的身体中找到他们以内部与外部、感性与理性、消极与积极这些传统对立的名义分配给女性的社会
30 地位的证据。① 只要跟随托马斯·拉克尔（Thomas Laqueur）引述②的阴蒂的“发现”史，并将它延伸到弗洛伊德的女性性欲从阴蒂转到阴道的理论，就可以最终得出令人信服的结论：男性与女性性器官之间的明显差别，扮演的远非人们分配给它们的创立者角色，而是一种社会构造，这种社会构造根源于以男性中心为根据的区分原则，而这种男性中心的根据，本身就建立在男人和女人被指定的社会地位区分的基础上。③

---

① Y. Knibiehler，«Les médecins et la “nature féminine” au temps du Code civil»，*Annales*，31（4），1976，p. 824－845.

② T. W. Laqueur，«Amor Veneris，Vel Dulcedo Appeletur»，*in* M. Feher，avec R. Naddafet N. Tazi（eds.），*Zone*，Part III，New York，Zone，1989.

③ 在说明自然史和自然主义者在性差别（及根本差别：逻辑是一样的）的自然化中功不可没的数不清的研究中，可以举出 Londa Schiebinger 的研究（*Nature's Body*，Boston，Beacon Press，1993）。这种研究指出自然主义者如何“将他们指望在其妻女身上发现的廉耻心（端庄）归于雌性动物”（p. 78）；他们如何通过寻找处女膜得出结论说“只有女人天生（有幸）拥有处女膜”，它是“她们贞洁的保护者” “她们圣殿的前庭”（p. 93－94）；而胡子通常与男人的名誉相关，将男人与不大高贵的女人和其他“种族”区分开来。

构成对性器官乃至性行为的认识的模式，同样也适用于男性或女性身体本身，身体有上部和下部——分界线的标志是腰带，那是禁地的标记（束紧腰带、不解腰带的女人被认为是贞洁的、纯洁的），或至少是女人贞洁与不贞之间的象征界线。

> 腰带是女性身体禁闭的标志之一，正如许多分析家所指出的一样，双臂交叉于胸前、大腿合拢、衣服束紧，对于欧美社会的妇女们来说，即便在今天仍是必须做到的。[①] 腰带同样象征着保护阴道的神圣屏障， 31
> 阴道被社会认为是神圣之物；因此，按照涂尔干的分析，它服从于关于规避或进入的严密规则，这些规则非常严格地决定了允许接触的条件，也就是合法的抑或亵渎的施动者、时刻和行为。这些在婚姻的仪式中表现为非常明显的规则，在今天的美国同样可以看到，比如一个男医生做阴道检查的情形。由于要从象征方面和实践方面抵消妇科检查中潜在地具有性特征的所有内涵，医生服从一种真正的仪式，这种仪式倾向于

---

① 参见 N. M. Henley，*Body Politics*，*Power*，*Sex and Non-verbal Communication*，Englewood Cliffs（N. J.），Prentice Hall，1977，尤见 p. 89*sq*。

维护一向不被同时看待的公众意义上的人与阴道之间的屏障。这个屏障的标志是腰带：开始时，他与一个女病人面对面；然后，一旦这个接受检查的女病人当着一个女护士的面脱掉衣服，他就为女病人检查，女病人躺着，上半身盖着床单，他检查着一个在某种程度上与女病人脱离的、被归于物的状态的阴道，对女护士讲他的意见，以第三人称谈论女病人；最后，他再次面对在他不在时穿好衣服的女病人。[1] 这显然是因为阴道仍被视为偶像，被当成神圣的、隐秘的、禁忌的东西。无论在公众意识中还是在法律条文中，性交易都是受到谴责的，两者都禁止妇女选择卖淫作为工
32 作。[2] 某种男性的色情借助金钱，将寻欢作乐与对沦为物的身体粗暴地行使权力和亵渎神圣联系在一起。亵渎神圣指的是违反法律，依照法律规定，身体（如同血液一样）只能在一种纯粹无偿的奉献行为中付出，这种行

---

① 参见 J. M. Henslin，M. A. Biggs，«The Sociology of the Vaginal Examination»，*in* J. M. Henslin（ed.），*Down to Earth Sociology*，New York-Oxford，The Free Press，1991，p. 235－247。

② 美国法律禁止“依靠不道德收入为生”，这就意味着只有性的自由赠与才是合法的，功利的爱情更是一种亵渎，因为它把身体拥有的最神圣的东西当成了交易（参见 G. Pheterson，«The Whore Stigma，Female Dishonor and Male Unworthiness»，*Social Text*，37，1993，p. 39－64）。

为意味着暴力的中止。[1]

身体有前面，即性差别的所在；也有无性差别的后面，后面是潜在的女性的，也就是说是被动的、顺从的，正如地中海人通过动作或言语对同性恋的辱骂（尤其是臭名昭著的“模仿阴茎勃起的嘲弄动作”）[2]。身体的公共部分，面孔、前额、眼睛、胡子、嘴，是表现自我的高贵器官，是凝聚社会身份的所在，比如名誉问题（鼻子）迫使人们对抗和正视别人；身体的隐私部分，则被掩盖起来或是令人羞耻，名誉迫使人们掩饰这个部分。（精神分析宣称的）男性生殖器与逻各斯之间的关系，就是通过对身体合法用途的性别划分建立起来的：在卡比利亚，身体的上部，男性部位的公众的、积极的用途——对抗、正视、直面（qabel）、面对、直视、公开讲话——是男人的专利；而女人， 33

---

① “金钱构成了反常的表现方式不可或缺的组成部分。因为反常的幻觉本身是难以理解和不可交换的，货币借助其抽象特征构成了它可以被普遍理解的对等物。”（P. Klossowski，*Sade et Fourier*，Paris，Fata Morgana，1974，p. 59 – 60.）“通过这种挑战，萨德恰好证明了价值和价钱的观念被纳入淫乐的快感深处，没什么比无偿与享乐更背道而驰的了。”（P. Klossowski，*La Révocation de l'édit de Nantes*，Paris，Éditions de Minuit，1959，p. 102.）

② 没什么辱骂比骂男人“被占有”“遭到性侵犯”（maniuk，qawad）更恶毒的了。

深居简出，在某种程度上她应该在公众场合放弃使用其目光（她在众人面前走路时，眉目低垂）和言语（唯一适合她说的话是“我不知道”，她的言语与男性话语完全相反，男性话语是果断、鲜明的，同时也是深思熟虑的）。①

尽管性行为可以表现为原始的模子，二元对立组合的所有形式——犁与犁沟，天空与大地，火与水，等等——都是从这个模子出发而产生的，但人们还是根据男性至上的原则思考性行为本身。生殖器官之间的对立包含在神话-仪式的一系列对立中：高/低、上/下、干/湿、热/冷（性欲勃发的男人被说成是“他的 kanoun 变红了”“他的锅烧着了”“他的鼓变热了”，女人被说成有能力“灭火”“消热”“解渴”）、积极/消极、活动/静止（性行为被比作石磨，它的上面是活动的，下面是静止的、固定在地上的；或被比作来来往往的扫帚与房间之间的关系）。② 由此，被视为正常的位置必然是男人“占上风”的位置。阴道无疑具有有害的、不祥的特征，原因是它被视为是空洞的，是

---

① 根据不利于女性的带有偏见的习惯逻辑，男性的表象可以谴责女性的能力或无能，这种能力或无能是这种表象所要求或促成的：于是，我们看到“女人买东西没完没了”——她们多嘴多舌，尤其可以讨论七天七夜而不做决定；或者，为了表示她们同意，她们说两回“是”。

② 参见 T. Yacine-Titouh，«Anthropologie de la peur»，*loc. cit.*。

男性生殖器否定意义上的倒错；如同女人在性交时处于男 34
人之上在许多文明中受到明确谴责一样。[①] 尽管卡比利亚传统在合法化的话语中对此很少提及，但仍借助一种原始神话，使两性在性别劳动分工中被分配的位置合法化，并通过生产和生殖活动的性别分工，使两性在整个社会秩序中，进而在宇宙秩序中被分配的位置合法化。

> 第一个男人在泉水（tala）边遇到第一个女人。她正在汲水时，盛气凌人的男人走近她，要喝水。但她是第一个来的，她也渴了。男人很不满，把她推开。她趔趄了一下，摔倒在地上。于是，男人看到了女人的大腿，女人的大腿跟他的不一样。他惊呆了。女人更狡猾，教了他许多东西。"躺下，"她说，"我告诉你你的器官是做什么用的。"他躺在地上；她抚摸他的阴茎，阴茎大了两倍，她躺在他上面。男人体验到一种很大的快乐。他到处跟着女人，重做同样的事情，因为她知道的东西比他多，比如点火，等等。一天，男人对女人说："我也想向你展示我自己，我懂得做某些事。你躺

① 根据查尔斯·马拉姆德（Charles Malamoud）的观点，梵语用"Viparita"（倒错）这个词表达此意，这个词也用来指颠倒的、混乱的世界。

> 下，我在你上面。”女人躺在地上，男人在她身上。他也感受到同样的快乐，并对女人说：“在泉水边，是你（占上风）；在家里，是我。”在男人的想法中，总是最后的话才算数，从此以后，男人总喜欢在女人上面。因此，他们变成了第一位的，理应由他们进行统治。[①]

35 社会正义论的意图明确体现在这里：创始神话在文化的起源之处，建立了自然与文化、自然的“性欲”与文化的“性欲”之间的对立（实际上，这种对立已经通过泉水与房屋的对立，加入了用来为这种对立辩护的理由），这种文化被理解为受男性原则统治的社会秩序：泉水边是特定的女性场所，女性主动，是主动性的倒错，这是从性事上自然而然得出的；而与在泉水边做出的越轨行为和女人的主动性对立的是服从于规范、家庭和奴役的行为，这种行为是应男人的要求并遵照事物秩序、社会秩序和宇宙秩序的基本等级在家庭中实施的，家庭是有教养的自然场所，是男性原则对女性原则的合法统治的场所，凌驾于支柱（thigejdith）之上的主梁（asalas alemmas）的优越性是合法统治的象征，支柱是向天空敞开的女性分叉。

---

① 参见 T. Yacine-Titouh，«Anthropologie de la peur»，*loc. cit.*。

上或下、积极或消极，这些平行的取舍，将性行为描述为一种统治关系。性占有，在法语中是“发生性关系”(baiser)，在英语中是“性交”(to fuck)，就是让别人服从其权力意义上的统治，但也是欺骗、滥用，或如我们所说的“骗人”(抗拒诱惑就是不受骗，不“任人欺骗”)。男子特征的(合法或不合法的)表现处在赢得荣誉的建功立业的逻辑中。尽管微不足道的性违反带来的极端严重性都对此讳莫如深，可是对男子气概的一切肯定也意味着对其他所有男人的间接挑战，这种挑战包含了男性特征的角斗观念的原则，这种原则在地中海其他地区及地中海以外地区表现得更加显著。

关于性行为的一种政治社会学研究显示，正如在 36
一种统治关系中常见的那样，两性的行为和表现一点也不对称。这不仅是因为，即便在今天的欧美社会中，女人和男人在爱情关系上的观点也相当不同，男人通常用征服的逻辑看待性关系(尤其在朋友之间的谈话中，这类谈话的内容往往是吹嘘如何征服女人)[①]，而

① 参见 B. Ehrenreich, *The Hearts of Men, American Dreams and the Flight from Commitment*, Doubleday Anchor, Garden City, New York, 1983; E. Anderson, *Streetwise: Race, Class and Change in an Urban Community*, Chicago, Chicago University Press, 1990。

且因为，性行为本身被男人看作统治、强占、“占有”的一种形式。男人和女人在性方面的期待由此可能产生差距——以及从差距中生出的误会，误会与对“信号”的错误阐释有关，“信号”有时是故意暧昧或骗人的。从社会方面来看，女人期望将性爱作为一种内心的经验来体会，这种经验充满了感性且不一定排斥进入，但可能包括一系列活动（说话、接触、抚摸、搂抱等）。[①] 男人与女人不同，他们倾向于“分隔”性爱，性爱被视为以进入和性高潮为目标的一种侵犯，尤其是一种肉体的征服行为。[②] 无论在这方面还是在所有其他方面，尽管社会地位千差万别[③]，年龄——和先前的
37 经验——不尽相同，我们仍可以从一系列谈话中得出这样的推理，即表面上对称的行为（如口交和舔阴）

① M. Baca-Zinn, S. Eitzen, *Diversity in American Families*, New York, Harper and Row, 1990, p. 249 – 254; L. Rubin, *Intimate Strangers*, New York, Basic, 1983.

② D. Russell, *The Politics of Rape*, New York, Stein and Day, 1975, p. 272; D. Russell, *Sexual Exploitation*, Beverly Hills, Sage, 1984, p. 162.

③ 尽管出于说明的需要，我曾经不得不在谈及男人或女人的时候，不去考虑他们的社会地位，但现在我意识到，应该在任何一种情况下，考虑社会区分原则强加给性区分原则的规定（反之亦然），而且我在这本书接下来的部分还要多次这样做。

往往对男人（趋向于通过服从获得的快感，从中看到统治行为）和女人体现出迥然不同的意义。男人的快感，一部分是因女人得到快感、因自己有能力提供快感而生的快感。因此，凯瑟琳·麦金侬（Catharine MacKinnon）无疑有理由在“假装的性高潮”（faking orgasm）中看到男性权力的一种典型体现，男性权力要使性器官之间的相互作用符合男性的观念，男人期望从女人的性高潮中得到一种他们男子气概的证明，以及这种最高形式的服从所提供的快感。① 同样，性骚扰并不总是以性占有为目的，尽管表面上别无他求：有时它的目标是单纯的控制，即在纯粹状态下进行统治的纯粹证明。②

如果说性关系表现为一种社会关系，这是因为性关系是以主动的男性与被动的女性之间的基本区分为原则形成的，而且这个原则建立、组成、表达和支配欲望。其中男性的欲望是占有的欲望，是色情化的统治；女性

---

① C. A. MacKinnon, *Feminism Unmodified*, *Discourses on Life and Law*, Cambridge (Mass.) et Londres, Harvard University Press, 1987, p. 58.

② 参见 R. Christin, «La possession», *in* P. Bourdieu *et al.*, *La Misère du monde*, Paris, Éditions du Seuil, 1993, p. 383－391。

的欲望是男性统治的欲望，是色情化的服从，或者，严格来讲，是对统治的色情化认可。在一个类似同性恋关系的状况中，相互性是可能的。性与权力之间的联系以
38 特别明确的方式显示出来，在性关系中所处的地位和扮演的角色，尤其是主动的或被动的角色，似乎与社会条件之间的关系密不可分，社会条件同时决定了地位和角色的可能性和意义。进入，尤其当用在男人身上时，是统治欲望（libido dominandi）的一种体现，统治欲望与男性的力比多并非完全没有瓜葛。我们知道，在许多社会中，同性恋占有被看作一种“力量”的表现，一种统治的行为（在某些情况下是这样实现的，即通过使别的男人“女性化”来证明自身优越性）。因此，对古希腊人而言，同性恋占有会给承受者带来耻辱，使他丧失作为一个完整的人的地位和公民的地位[①]，而对一个罗马人来说，与一个奴隶发生“被动的”同性恋关系，则被视为某种“可怕的”事情[②]。同样，按照约翰·博斯维尔（John Boswell）的看法，“进入和权力是男性领导精英的特权；

① 参见如 K. J. Dover, *Homosexualité grecque*, Paris, La Pensée sauvage, 1982, p. 130*sq*。

② P. Veyne, « L'homosexualité à Rome », *Communications*, 35, 1982, p. 26－32.

听任进入是一种对权力和威信的象征性废除”①。我们知道，从这个将性与权力联系在一起的观点出发，对一个男人而言，最屈辱的事就是被变成女人。在这里，我们可以提及这些男人的见证，那些为了让他们女性化而有意进行的折磨，尤其是通过性侮辱进行的折磨，对他们男性特征的取笑，对同性恋的谴责，等等，或简而言之， 39
他们表现得像女人一样的必要性，都揭示了“不断地意识到自己的身体总是处在屈辱或可笑的境地，以及在做家务或与朋友聊天中寻求安慰这种做法意味着什么”②。

统治的归并

身体的社会定义，尤其是性器官的社会定义，是一种社会构造作用的产物，如果这个观点由于受到人类学传统的维护而变得完全平庸无奇，那么我试图在这里展示的因果关系颠倒的机制，在我看来，还没有得到彻底的描述，

---

① J. Boswell, «Sexual and Ethical Categories in Premodern Europe», *in* P. McWhirter, S. Sanders, J. Reinisch, *Homosexuality/Heterosexuality: Concepts of Sexual Orientation*, New York, Oxford University Press, 1990.

② 参见 J. Franco «Gender, Death, and Resistance, Facing the Ethical Vacuum», *in* J. E. Corradi, P. Weiss Fagen, M. A. Garreton, *Fear at the Edge, State Terror and Resistance in Latin America*, Berkeley, University of California Press, 1992。

因为这种社会构造的自然化是通过这种机制引起的。事实上，悖论在于，女性身体与男性身体之间的明显差别，是依照男性中心观念的实践模式被理解和构造的，而它们却变成了与这种观念的原则相一致的意义和价值最无可辩驳的保证：并非男性生殖器（或它的不存在）是这种世界观的基础，而是这种世界观是依据关系性别即男女性别的划分形成的；它能够创造男性生殖器，男性生殖器被当成男性特征以及男性特有的名誉问题（鼻子）的象征；它还能把生物学身体之间的差别确立为两性之间差别的客观基础，这是从性别被当成等级化的两种社会本质来构造的意
40 义上说的。完全不是生物学的再生产必要性决定劳动的性别分工的形成，并逐步决定一切自然和社会秩序的形成，而是生物学尤其是男女身体及其用途和功能在生物学的再生产方面的一种任意构造，为性劳动的划分和劳动的性别划分的男性中心观念，并由此为整个宇宙的男性中心观念提供了一个表面上自然的基础。男性社会正义论的特殊力量源于它兼有并凝聚两种活动：它将一种统治关系纳入一种生物学的自然中，将这种关系合法化，而这种生物学的自然本身就是一种被自然化的社会构造。

象征构造的作用并不限于一种严格述行的命名活动，

这种活动引导并构成了表象，从身体表象开始（这不是可有可无的）：象征构造作用处于身体（和大脑）的一种深刻而持久的变化中，也就是说处于实践构造的一种作用中，并且是通过这种作用完成和完善的，这种实践构造针对身体的尤其是性的合法用途强行规定了一种有区别的定义。这种定义倾向于将一切表明为另类的东西——尤其是所有生物学潜在性——排除出可思可行的空间，以生产这个社会的赝品，即一个有男子气概的男人或一个有女性特征的女人，而所有生物学潜在性存在于“各种形态的反常”中，按弗洛伊德的说法，所有儿童都是“各种形态的反常”者。在常规性中建立两个等级的任意规则，只有经历一种统治的社会关系的躯体化（somatisation）过程，才能体现一种自然法则的表象（人们通常谈论“反常”的性欲，或在今天谈论“反常”的婚姻）：在付出一种漫长而持续的巨大社会化集体作用的代价之后，文化任意性所建立的可区分的身份才表现在明确按照统治原则区分并能够依据这个原则 41
认识世界的习性中。

两种性别中的每一种都只是相关地存在，都是区分构造作用的产物。区分构造的作用既是理论的，又是实践的。它对于将一种性别变成（从所有文化上合乎情理的观点来看）对立性别的社会区分实体，也就是说，变得男子气而非女性化，或女性化而非男子气是必要的。确切地说，培养作用，或建构（bildung）作用，导致了身体的这种社会构造，这种作用只是相当有限地采取了一种清楚而明确的教育作用形式。在很大程度上，这种作用完全是按照男性中心的划分原则构成的一种身体和社会秩序的自动且无行动者的结果（这就说明了它所施加的巨大的影响力）。男性秩序被纳入事物之中，也通过默许的命令进入身体之中，这些默许的命令包含在劳动分工或集体或个人的常规中（比如，不许妇女进入男人地盘的规定引起的回避行为）。身体秩序和社会秩序的规律性，通过将妇女从最高级的任务（比如掌犁）中排除出去，将低级的位置（人行道或斜坡路）分配给她们，教她们如何保持体态（也就是说，在体面的男人面前驼背弯腰，双臂交叉放在胸前），将艰苦、低级和琐碎的任务交给她们（她们用大车运肥料，在采摘橄榄的时候，她们与孩子们一起捡橄榄，而男人操长竿），更普遍地说，在基本的先决条件的意义上，利用似乎就此成为社会差别基础的生物学差别，强制规定和反复灌输这些配置。

在默默要求恢复秩序的漫长过程中，创立的仪式由于 42
其庄严而非同寻常的特征占据了特殊的地位：这些仪式力求以被调动起来的整个集体性的名义并在它在场的情况下，建立一种神圣化的分隔。这种分隔不仅出现在已经接受区分印记的人与因为太年轻尚未接受区分印记的人之间，如同过渡的仪式这一概念让人相信的那样，而且同样甚至尤其出现在从社会方面值得接受这种印记的男人与永远被消除这种印记的人，也就是女人之间。① 比如在割礼这种典型的男性创立仪式中，分隔出现在区分印记承认其男子气概的男人与无法经历秘传的女人之间，区分印记在象征意义上为前者显示男子气概做准备，而后者也会发觉自己被剥夺了构成男子气概确立仪式的机会和基础的东西。

---

① 对创立的仪式为男性身体的男子气概构成所做的贡献，还需以所有儿童游戏加以补充，尤其是多少明显地带有一种性内涵的游戏（比如撒尿最多或最远的游戏，或小羊倌的同性恋游戏）和表面上微不足道，实际充满伦理内涵的游戏，这种内涵通常被纳入言语中（比如 picheprim，pisse-menu，在贝亚恩语中指吝啬，不怎么大方）。我用创立的仪式（rite d'institution，“创立”一词应同时理解为被创立的东西——婚姻制度，以及创立的行为——继承人的指定）的概念代替过渡的仪式（rite de passage）的概念，后者之所以在提出后立刻获得了成功，无疑是因为它不过是变成了一个貌似博学的概念、一个包含常识的先天概念而已。关于导致我进行这种替换的原因，请参见 P. Bourdieu，«Les rites d'institution»（in *Langage et Pouvoir Symbolique*，Édition du Seuil，2001，p. 175 - 186）。

因此，神话话语最终以相当天真的方式宣扬的，创立的仪式以更潜在的，但无疑在象征意义上更有效的方式加以完善了；这些仪式存在于一系列区分活动中，这
43 些区分活动力求在每个行动者即男人或女人身上，强调最直接地适用于其性别区分的社会定义的外在符号，通过禁止或阻止不当举止，尤其在与异性关系方面的不当举止，鼓励与其性别相符的做法。这就是所谓的“分隔”仪式的状况，这类仪式的功能在于通过激励男孩并使他做好准备面对外部世界，将他从母亲的怀抱中解放出来并确保他逐渐男性化。其实，人类学调查发现，按照某种精神分析的传统①，男孩应该完成一种心理变化，以脱离与母亲几乎相依为命的原始关系，并显示自己的性别身份，这种心理变化是明确而清楚地由某个集团伴随甚至筹划的。在整个一系列以男性化为宗旨的性别创立仪式中，或从更广泛的意义来看，在日常生活所有被区分及能够进行区分的实践（男性运动和游戏，如打猎等）中，这个集团鼓励与母性世界决裂，而女孩（以及不幸的“寡妇的儿

---

① 尤见 N. J. Chodorow，*The Reproduction of Mothering：Psychoanalysis and the Sociology of Gender*，Berkeley，University of California Press，1978。

子"[①]）则避免了这一点——这就使她们生活在一种与母亲相关的连续性中。

否定男性的女性成分［这正是梅拉妮·克莱因（Melanie Klein）要求精神分析通过与仪式所实现的作用相反的一种作用所夺取的东西］即消除对母亲、土地、湿润、夜晚、自然的依赖和眷恋的客观"意愿"， 44
表现在于所谓的"一月分离"（el âazla gennayer）时刻举行的仪式中。比如第一次给男孩子剃头，以及所有标志着迈进男人世界的门槛并以割礼圆满结束的仪式中。使用某些物品、力求将男孩与其母亲分开的种种行为举不胜举，这些物品由火锻造并适合于象征中断（以及男性特征），比如刀子、匕首、犁铧等。因此，男孩出生后被放在母亲的右侧（男子的一侧），他们中间放着典型的男性物品，比如一把梳理羊毛的梳子、一把大刀、一张犁铧、火炉中的一块石头。同样，第一次剃头的重要性也与这个事实相关，即茸毛是女性

---

① 在卡比利亚，人们所说的"男人的儿子"的教育落到许多男人的身上，而"寡妇的儿子"则恰恰相反，他们被怀疑逃避持续的劳动，这种劳动对于避免男孩变成女人是必要的，他们还被怀疑沉溺在母亲的女性化影响中。

> 的，是将男孩与母亲的世界维系在一起的象征联系之一。这第一次剪发是由父亲用男性的工具——剃刀完成的，而且是在“准备迈进成人的分离”那一天，即在第一次去市场前不久，也就是说在6岁到10岁之间。男性化（或非女性化）的作用一直持续到进入男人的、荣誉问题的和象征斗争的世界，即第一次去市场：男孩穿着新衣服，头戴丝带，得到一把匕首、一把挂锁和一面镜子，而他的母亲则把一枚新鲜鸡蛋放在他斗篷的风帽里。在市场的入口处，他将鸡蛋打碎，打开风帽，这些都是有破坏童贞意味的男子行为，然后他照照镜子，镜子像门槛一样是颠倒的操作者。他的父亲将他带到市场这个只有男人的世界中，将他介绍给其他男人。回来时，他们会买一个牛头，牛头是男性生殖器的象征——因为它有角——并与鼻子相关。

这种精神和身体作用实施在男孩身上，以使他们具有男子气概，除去他们身上残存的一切女性特征，就像“寡妇的儿子”所具有的那种状况。而相同的作用实施在女孩
45 身上时，则采取了一种更加激进的形式：女人被视为一个否定性的实体，仅仅由缺陷来确定，其德行本身只能通过一种双重否定来得到确认，表现为受到否定或被战胜的罪

恶或微小的邪恶。因此，整个社会化作用倾向于对女人实行限制，这些限制全都与被定义为神圣（h'aram）的身体有关，应被纳入身体的配置之中。因此，卡比利亚的年轻女子将女性的生活艺术以及身体与道德密不可分的端庄举止的基本原则内在化。她们学会穿不同的衣服，这些衣服适合连续不断的不同情形：小姑娘、育龄处女、妻子、母亲。她们既通过无意识的模仿又通过明确的服从，不知不觉地获得了束腰带或头发、走路时让身体的某个部位摆动或保持静止、显示面部表情和控制目光的良好风范。

这种见习基本上是心照不宣的，因而更加有效：女性道德通过一种不间断的训练推广开来，这种训练事关身体的所有部分，而且持续地通过衣服或头发的限制得到强调和实行。因此，男性身份和女性身份的对抗原则以举止行为的永久方式的形式固定下来，这些永久方式类似一种伦理学的实现，或更确切地说，是一种伦理学的自然化。男性荣誉的道德可以由一个词概括——这个词被消息提供者重复了上百遍——qabel，意即面对、正视、端正的姿态（相当于我们士兵的立正姿势），并且蕴含着正直表现之意。[①] 同样，女性的

---

① qabel这个词本身与空间和整个世界观的最基本方向相关，关于这个词的论述，可参见 P. Bourdieu，*Le Sens pratique*，*op. cit.*，p. 151。

46 服从似乎也可以在鞠躬、低头、弯腰、低垂（与“占上风”相对）的做法和弯曲、柔软的姿态中找到一种自然的表现，而相关的顺从则被视为与女人相称。基础教育倾向于反复灌输整个身体或身体的某个部位的举止方式，比如右手是男性的，左手是女性的；还有步态和头部姿态，或眼神是直视还是躲闪，等等。这些方式呈现出伦理学、政治学和宇宙学的意味［我们全部的伦理学，更不用说我们的美学，都来自高/低、直/弯、硬/软、开/合等基本形容词的系统，这个系统中的大部分表明身体及其某些部分的位置或配置——比如，“高高的额头”（问心无愧），“低垂的头”（羞愧）］。

> 顺从的举止被强加于卡比利亚妇女，它今天仍是强加给美国和欧洲妇女的顺从举止的极限，正如某些观察者所指出的一样，它要求几个“必须”：微笑、垂下眼睛、容忍别人打断说话等。南西·M. 亨利（Nancy M. Henley）展示了人们如何教妇女站立、走路和采取适当的身体姿态。弗里格·豪格（Frigga Haug）也试图（通过一种叫作记忆作用的方法，这种方法力求追忆被共同讨论和阐释的童年时代的故事）再现与身体的不同部位相关的情感，如

应该挺直背部、收腹，不能叉开双腿等，每种姿态包含着一种道德意义（叉开双腿表示平庸，而有一个大肚子表示缺乏意志等）。[1] 好像女性特征是以“变得小巧玲珑”的艺术来衡量的（柏柏尔女性通过昵称 47
表现自己），妇女们被囚禁在一堵看不见的围墙之中（面纱不过是看得见的表现），这堵围墙限制了她们的身体运动和移动的地域（而男人们却用他们的身体占据更多的地方，尤其是在公共空间中）。这种象征的禁闭实际上是通过她们的衣服来实现的（这在过去的时代更明显），这些衣服的作用，一方面是蔽体，另一方面是不断地让身体回到秩序中（裙子发挥了一种完全类似于教士的长袍的功用），根本不用明确规定或禁止（“我妈妈从未告诉我不要把双腿叉开”）：衣服要么以各种方式限制运动，比如高跟鞋或经常占满手的袋子，特别是禁止或阻止各种运动（跑步、不同的坐姿等）的裙子；要么只准许需不断地采取提防措施的运动，

---

① 参见 F. Haug *et al.*, *Female Sexualization*：*A Collective Work of Memory*，Londres，Verso，1987。尽管作者似乎没有意识到这一点，即服从身体的训练为妇女规定了限制，但这种训练也离不开妇女的同谋，因此，它深刻地打上了社会的烙印，女性特征的归并与一种区分的归并是密不可分的，或更确切地说，与对庸俗的蔑视密不可分，这种庸俗与低胸或露背装、超短裙和过浓的（通常被视为太“女性化的”……）妆容有关。

> 比如年轻妇女不停地向下拉过短的裙子，竭力用前臂遮住由于衣领过低而暴露出的地方，或在捡东西时为了保持双腿并拢而表演真正的绝技。[①] 这些行为举止与适用于妇女的道德标准和自我克制有着深刻的联系，而且持续地强加给她们，仿佛她们是不由自主的，尽管她们已不再受到衣服的约束（例如某些穿裤子和平
> 48 跟鞋的年轻妇女走路时迈着急匆匆的小步子）。有时——地位高的——男人允许自己呈现某些放松的举止或姿态，比如在座椅上来回摇晃或把脚搭在办公桌上，以证明自己的权力，或证明自己的自信，这些举止或姿态对于一个女人来说，是根本不可想象的。[②]

有些人反驳说，许多妇女今天已经打破了传统的礼仪标准和形式，并在她们赋予身体的受控制展示的地位中看

---

① 参见 N. M. Henley, *op. cit.*, p. 38, 89 - 91；同时参见 p. 142 -144，“动画片”的复制，标题为“男人的训练”，它展示了适合妇女的“姿势的荒谬性”。

② 女性特征的日常训练中所保留的一切处于模糊状态的东西，在“空姐学校”和有关她们举止礼仪的课程中得到了解释，正如伊薇特·德尔索（Yvette Delsaut）所观察到的，她们在这类学校里学习走路、站立（手放在背后，脚并拢）、微笑、上下楼梯（不看自己的脚）、侍候进餐（“女服务员应该做到一切得体，又不让人看出来”）、为客人服务（“表现亲切”，“回答问题和善”），在举止以及穿着（“不穿颜色鲜艳、过于夺目、咄咄逼人的衣服”）和化妆的方式的双重意义上表现出“风度”。

到了一种“解放”的迹象。对于这些人，只要指出这种对身体本身的利用非常明显地服从男性视角就够了（我们今天可以很清楚地看到广告对女性身体的利用，即使是在经过半个世纪的女权主义运动之后的法国也是如此）：既被展示又被遮盖的女性身体表现了一种象征的自由使用权，正如许多女性主义者的研究成果所表明的那样，这种自由使用权适合女性，女性是一种吸引力和诱惑力与一种有选择的拒绝义务之组合。吸引力和诱惑力被所有人（男人或女人）认识和承认，并能为女人所依赖的男人或与女人有关的男人带来名誉；而有选择的拒绝义务则为“炫耀性消费”的作用增添了排他性的身价。

因此，组成社会秩序的分工，或更确切地说，建立在性别之间的统治和剥削的社会关系，逐步以既相互对立又相互补充的身体素养（hexis）以及观念和区分原则的形式进入两个不同的习性阶层，观念和区分原则导致按照可归 49
结为男女对立的区分，划分世界上的所有事物和所有实践。处于外部、正式场合、公共场所、右侧、干燥处、高处、不连续状况下的男人负责完成所有短暂的、危险的和光彩的行为，包括杀牛、耕地或收割，更不用说杀人或战争了，这些行为标志着日常生活过程中的中断。相反，处于内部、潮湿处、低处、弯曲状态和连续状态下的女人则被分配了所有的家务劳动，即个人的或隐秘的，甚至是看不见的或令人羞耻的劳动，比如说照料孩子和牲畜；还有以虚构的理由分派给她们的所有外部劳动，即与水、草、绿色（比如锄草和园艺）、牛奶、树林有关的劳动，尤其是那些最脏、最乏味和最卑微的劳动。由于她们蛰居于其中的整个有限世界——村庄、房屋、言语、工具——包含着恢复沉默秩序的相同要求，女人们只能依照虚构的理由变成她们现在的样子，因而她们首先在自己的心目中承认，她们本来就注定是低等的、柔顺的、渺小的、琐碎的、无关紧要的，等等。她们被迫随时为社会分派给她们的被贬低的身份提供一种自然基础的表象：在地上捡橄榄或树枝等长期的、无收益的和烦琐的任务落到她们头上，而橄榄和树枝则是男人们用棍棒或斧头弄下来的；她们被分派管理家庭
50 日常开支的平庸差事，似乎她们热衷于斤斤计较、支付票据或计算收益，而重视名誉的男人理应对此不闻不问（我由此想起了在我童年的时候，男人们，不论邻居还是朋友，当他们在早晨短暂地总是有点炫耀地施展暴力——逃跑的牲畜的叫声、大刀、流淌的血，等等——杀猪之后，整个下午，有时甚至到第二天，他们都在悠闲地洗牌，几乎从

不中断，哪怕需要抬起一口很重的锅，而家庭主妇们却四处忙碌着，准备猪血香肠、腊肠、灌肠和猪肉糜）。男人（和女人自身）无法知道，是统治关系的逻辑，以与道德强迫她们具有的美德相同的理由，将所有否定的属性强加和灌输给女人们，占统治地位的观念将这些否定的属性归罪于她们的天性，比如狡猾，说得好听点，就是直觉。

作为被统治者特殊洞察力的特定形式，人们所说的“女性直觉”，在我们的世界之中，与客观和主观的服从密不可分，这种服从促使或迫使她们必须当心或留心，警觉或警惕，以迎合别人的愿望或预料麻烦。许多研究揭示了被统治者尤其是妇女［特别是那些受到两重或三重统治的妇女，比如朱迪思·罗林斯（Judith Rollins）在《女人之间》一书中提到的黑人女佣］的特殊洞察力：女人比男人对非言语的迹象（尤其是语调）更加敏感，她们更懂得识别一种不用言语表达的感情或辨认对话的潜在含义。① 由两个荷兰研究者所从事的调查显示，女人能用许多细节谈论她们的丈夫， 51

① 参见 W. N. Thompson, *Quantitative Research in Public Address and Communication*, New York, Random House, 1967, p. 47－48。

而男人只能通过非常普遍的、对“一般妇女”都适用的刻板印象谈论自己的妻子。[1] 他们还指出，被当成异性恋者培养的同性恋者，会将占统治地位的观点内在化，他们可能将这种观点用于自身（这就注定他们在认识上和评价上不一致，这种不一致有助于他们获得特殊的洞察力），他们对统治者观点的理解胜过统治者对他们观点的理解。

由于女人注定要在象征上服从和受人摆布，她们要行使某项权力，只能借助自己的力量对抗强者或同意退隐，而且无论如何都要否认她们只能借助第三者（充当心腹谋士）行使的一种权力。但是，根据吕西安·比安科（Lucien Bianco）所说的中国农民起义的法则，“弱者的武器永远都是软弱的”[2]。女人用来对抗男人的象征策略本身，比如魔法的象征策略，就是处于被统治地位的，因为她们使用的虚构的符号和运算机器，或她们所追求的目的（比如所爱或恨的男人的爱情或无能），根源于男性中心观念，而她们

---

① 参见 A. Van Stolk et C. Wouters，«Power Changes and Self-Respect：a Comparison of Two Cases of Established-Outsiders Relations»，*Theory*，*Culture and Society*，4（2-3），1987，p. 477-488。

② L. Bianco，« Résistance paysanne »，*Actuel Marx*，22，2e semestre 1997，p. 138-152.

正是以男性中心观念的名义被统治的。她们无力真正颠覆统治关系，她们的作用是至少为被视为不祥之物的女人的占统治地位的表象提供证据，这些不祥之物的身份完全是 52
否定性的，且基本是按照禁令来构造的，这些禁令正好适合于产生如此多的违抗机会：尤其是女人们用各种各样温柔的、几乎看不到的暴力反对男人们施加给她们的身体的或象征的暴力的状况，从魔法、诡计、谎言或被动性（尤其在性行为中），到被占有者占有性质的爱，比如地中海母亲的爱或带有母性的妻子的爱，通过将牺牲自己或奉献自己的无限忠诚和无言的痛苦，作为不求可能的回报或无法补偿的恩情之馈赠，让人牺牲或产生负罪感。因此，按照一种特定的悲剧逻辑，无论女人做什么，都被迫为她们的邪恶提供证据，并反过来证明了分配给她们一种邪恶本质的禁令和偏见，这种逻辑希望统治所产生的社会现实能经常证明统治所要求的表象，以便统治得以实施并证明自己的合法性。

男性中心观念因而不断地被这种观念所决定的实践合法化：因为女人的配置是反女性的不利偏见被归并的产物，而这种偏见在事物的秩序中被建立，女人只能经常确认这种偏见。这种逻辑是诅咒的逻辑，“诅咒”一词就词语的本义来讲，是一种本身自会成为事实的悲观预言（self-fulfilling prophecy)，这种预言要求检验自身并促使它所预测的事情得以发生。这种逻辑通常体现在性别之间的许多交换之中：同样的配置使得男人将低级的活计和无收益、无价值的活动交给女人（比如，在我们的社会中，问价、核实发票、讲价等)，简而言之，使他们脱离与他们对自身的尊严所持的观念不大相容的所有行为，也使他们能够责备女人“思想狭隘”或“斤斤计较”，甚至在她们没干好他们分
53 配的差事时责备她们，却不肯把最后的成功归于她们。①

象征暴力

因此，男性统治得以充分行使的所有条件都已实现。男人们得到普遍认可的优先权表现在社会结构以及生产和再生产活动的客观性之中，这些活动建立在生产和再生产劳动的一种性别区分的基础上，这种区分给男人最好的部

① 我们在关于不动产的生产经济研究范围内所进行的访谈和观察报告，为我们提供了许多机会证明这种逻辑今天还在通行，而且就在我们身边（参见P. Bourdieu，«Un contrat sous contrainte»，*Actes de la recherche en sciences sociales*，81－82，mars 1990，p. 34－51)。即使男人无法再对经济的平庸算计表现出高傲的蔑视（或许在文化机构中除外)，他们也往往显示出自己地位高，尤其当他们占据权威地位时。他们对家政这些次要问题漠不关心，这些问题常常被留给女人，这没什么稀奇的。

分；同时，这个优先权还表现在所有习性固有的模式之中：由于这些模式受到类似条件的作用，所以在客观上被接受，成为所有社会成员认识、思想和行动的模子，即历史超验性发挥作用，历史超验性由于被普遍认同，所以被作为先验的东西强加给每个行动者。因此，生物再生产和社会再生产的男性中心表象被赋予一种常识的客观性，这种常识被理解为关于实践意义的实践的、信念的共识。女人自身将一些思维模式应用于整个现实，尤其是使她们被缚于其 54
中的权力关系，而这些思维模式是这些权力关系归并的产物，并表现在象征秩序的创立性对立中。由此可见，她们的认识行为不过是实践的认可行为、信念的赞同行为。信念的赞同即信仰，信仰思考自身并按照原样确认自己，在某种程度上“制造”了它所遭受的象征暴力。①

> 我对自己预先消除所有误解的权力没抱任何幻想，只是想避免象征暴力这个概念通常所造成的最明显的误解，这些误解全都是以对“象征的”这个形容词多少有点简化的一种阐释为原则的。在这里，“象征的”是在一种我认为严格的意义上使用的，我曾在过去的

---

① 表明在象征方面占据（男人的、贵族的、领导的，等等）统治地位的言语的和非言语的迹象，只能被那些懂得“规约”的人理解（有点像需要学会辨认军服上的军衔）。

一篇文章中阐释过这个词的理论基础。[1] 从“象征的”这个词最常见的意义来看，人们有时设想，强调象征暴力，就是削弱身体暴力的作用，并（使人）忘记还有被殴打、强奸、剥削的妇女；或者更糟糕的是，为采取这种暴力形式的男人洗脱罪名。显然，情况完全不是这样。人们把“象征的”与“真实的”“有效的”对照起来理解，就会设想，象征暴力纯粹是“精神的”，并且最终没有实际作用。我多年来努力建立的象征财产经济的唯物主义理论，力求摧毁的正是这种幼稚的区分，这种区分适合于低级的唯物主义，我要在
55 理论中用统治关系的主观经验的客观性来代替这种区分。另一个误解，即尽管我曾试图在这里展示人种学的启发性作用，但对人种学的参照还是被怀疑为一种在科学的外表下复兴“永恒女性”（或男性）神话的手段，或更甚，被怀疑为将男性统治描述为不变的和永恒的，以使男性统治的结构永存下去。然而，我非但不承认统治的结构是反历史的，而且试图确定这些结构是一种不断的（因而是历史的）再生产活动的结果，

① 参见 P. Bourdieu，«Sur le pouvoir symbolique»，*Annales*，3，maijuin 1977，p. 405－411。

> 单个的行动者（包括男人及其武器如身体暴力和象征暴力）和体制、家庭、教会、学校、国家都对这个结果起到了推动作用。

被统治者把从统治者视角出发建构的范畴用于统治关系，因此使统治关系看起来是自然而然的。这就会导致一种有系统的自我贬值，甚至自我诋毁。正如我们所见，这在卡比利亚妇女将她们的性器官视为一种有缺陷的、丑陋的甚至是令人厌恶的东西的表象中（在我们的世界中，与之类似的观念是，许多妇女认为她们的身体不符合时尚所要求的美学标准）尤其明显，而且，更普遍的是，在她们对妇女的一种被贬低的形象的赞同中也表现得非常明显。① 象征暴力通过赞同建立起来，被统治者不得不赞同统治者（并进而赞同统治），因为被统治者在思考统治者或者自身，或更确切地说，思考自己与统治者的关系时，只拥有与统治者相同的认识工具，而这些工具不过是统治关系的被归并形式，它们使这种关系看起来是自然而然的；或者，换句话说，被统治者为了认识和评价自己或为了认识和评价 56

① 1996年在法国举行的一项调查中，妇女们表示她们难以接受自己身体的想法相当常见。

统治者而使用的模式（高/低、男/女、白/黑等等），是如此被自然化地分类被归并的产物，其社会存在就是分类的产物。

由于无法足够详细地引用（这需要一个像弗吉尼亚·伍尔夫一样的人）数量和种类足够多、足够体现这种温柔的通常看不到的暴力得以实施的具体情形的例子，我还是得依赖观察报告，这些报告以其客观性，显得比对极其微小的互相作用的描述更加无可辩驳。因此，我们看到，大多数法国妇女宣称，她们希望有一个比她们年长的配偶，与此完全相应，她们也希望有一个比她们身材更高的配偶，她们当中三分之二的人甚至明确拒绝比她们矮的男人。[①] 拒绝看到性别“等级”的一般特征消失，这意味着什么？“接受一种表象的颠倒，”米歇尔·博宗（Michel Bozon）回答说，“这就会令人想到居于统治地位的是女人，这就（自相矛盾地）降低了她的社会地位：她与一个降低身价的男人

---

① 按照同样的逻辑，迈拉·马克斯·费里（Myra Marx Ferree）强调，改变家庭劳动分工的基本障碍在于家务活被视为“与‘真正的男人’不相称”这个事实，她指出，女人隐瞒丈夫帮助她做家务，是因为害怕贬低他的形象［参见 M. Marx Ferree，« Sacrifice，Satisfaction and Social Change：Employment and the Family »，*in* K. Brooklin Sacks et D. Remy (eds.)，*My Troubles are Going to Have Trouble with Me*，New Brunswick (N. J.)，Rutgers University Press，1984，p. 73］。

在一起会感到自己也降低了身价。”[①]指出女人普遍与男人达成一致（在这方面，男人喜欢更年轻的女人），接受一种 57
被统治地位的外在特征是不够的；由于她们的社会身份现在（或将来）与男人密切相关，在她们与男人的关系形成的表象中，她们考虑的是全体男人和女人对她们使用（在被考察的集团中）得到普遍认可的认识和评价模式时，不可避免地对她们形成的表象。这些共同的原则以一种心照不宣和无可辩驳的方式，要求男人至少在表面上和外人看起来，在夫妻关系中占据统治地位。就是为了他，为了她先验地承认并希望看到普遍得到承认的他的尊严，但同样为了她自己，为了她自己的尊严，她只能需要和爱上这样一个男人，这个男人的尊严存在于他明显“超过她”这个事实中，并通过这个事实得到明确承认和证明。这样做显然未经过任何算计，而是借助一种倾向的表面随意性，这种倾向是无可辩驳且不可思议的，但正如对期望的，同时也是真实的差距的考察所证明的那样，这种倾向是在对优

① M. Bozon, «Les femmes et l'écart d'âge entre conjoints: une domination consentie», Ⅰ: «Types d'union et attentes en matière d'écart d'âge», *Population*, 2, 1990, p. 327 - 360; Ⅱ: «Modes d'entrée dans la vie adulte et représentations du conjoint», *Population*, 3, 1990, p. 565 - 602; «Apparence physique et choix du conjoint», *INED*, *Congrès et Colloques*, 7, 1991, p. 91 - 110.

越性的体验中产生和完成的，在这种优越性中，（被视为成熟标志和安全保证的证明的）年龄和身材是最无可辩驳、被所有人明确认可的特征。[①]

> 为了彻底阐明只有一种配置论观念才有助于理解的悖论，只要指出对“传统”模式表现得最顺从的妇女——她们期望的年龄差距更大——尤其出现在手工
> 58 业者、商人、农民还有工人当中这一点就足够了。在这些阶层中，婚姻对于妇女而言，仍旧是获得一种社会地位的特殊手段；好像在这些偏好之中表现出来的顺从配置是与某些可能性的一种无意识配合的产物，这些可能性与统治的一种客观结构相关，顺从配置产生了可能与一种众所周知的利益计算相等的东西。相反，伴随着客观依赖性的减弱，这些配置有弱化的趋势，这无疑是滞后作用导致的——不仅要根据被占据的位置，还要根据轨迹对实践的变化进行分析，才能把握这种作用，因为客观依赖性有助于产生这些配置并维护它们（配置适应客观结构的相同逻辑，解释了

① 还需提及一些非常微妙的游戏，在卡比利亚地区，某些（尊贵的）妇女尽管实际上居于统治地位，但她们懂得采取一种服从的姿态，让男人表现为和显得像是统治者。

> 人们何以看到妇女们参加职业劳动构成了她们离婚的一个主要因素①)。这就趋向于承认，爱情的倾向与浪漫的表象恰恰相反，并不排除一种与理性算计毫无瓜葛的理性形式，换句话说，爱情在某种程度上常常是命中注定的爱情（amor fati）、社会命运的爱情。

我们只有超越（强力的）限制与（理性的）赞同，机械的强制与心甘情愿的、自由的、有意识的甚至精心算计的服从之间的取舍，才能思考统治的这种特殊形式。象征统治的作用（无论这种统治来自人种、性别还是来自文化、语言②等）不仅在认识知觉的纯粹逻辑中实施，还通过认识、评价和行动 59
的模式实施，这些模式组成习性并在有意识的决定和意愿的支配之外建立了一种对自身异常模糊的认识关系。因此，我

---

① 参见 B. Bastard et L. Cardia-Vouèche，«L'activité professionnelle des femmes：une ressource mais pour qui? Une réflexion sur l'accès au divorce»，*Sociologie du travail*，3，1984，p. 308 – 316。

② 在关于与语言统治相关的象征暴力经验的众多见证和考察报告中，我将只举出阿比奥登·戈克-帕里奥拉（Abiodun Goke-Pariola）关于独立的尼日利亚提出的见证和考察报告，因为它们具有典型特征："一切土著的东西遭到内在贬低"这一现象的永久存在，非常明显地表现在尼日利亚人与他们自己的语言（他们拒绝在学校里教授这种语言）以及与以往殖民者的语言的关系上，他们"采用英国人的生理习惯讲后一种语言……以便得到被认为属于英语的鼻音"（参见 A. Goke-Pariola，*The Role of Language in the Struggle for Power and Legitimacy in Africa*，African Studies，31，Lewiston，Queenston，Lampeter，The Edwin Mellen Press，1993）。

们可以毫不矛盾地说，男性统治和女性服从的矛盾逻辑既是自发的又是被强加的，只有当我们注意到社会秩序对女人（和男人）施加的持久作用，也就是注意到与这种逻辑为他们规定的这种秩序自发地一致的配置，这种逻辑才可以理解。

象征力量是直接作用于身体的一种权力形式，它仿佛有魔法一样，不受任何有形的限制；但是，这种魔法只有依赖被置入的配置，比如身体最内在的动力才能发挥效应。[1] 如果象征力量能起到一种松扣机制（déclic）的作用，也就是消耗极低的能量就可起作用，即象征力量不过是解放了灌输和归并的作用放置在他们或她们身上的配置，那
60 么，他们或她们就会给象征力量以可乘之机。换句话说，象征力量在巨大的先决作用中找到了可能性的条件及其经济（从这个词的广义上说）对等物，这种先决作用对于引起身体的一种持久变化并产生象征力量引发和唤醒的永久配置是必要的；这种转变作用主要是以看不到的和潜伏的方式，通过对一个以象征方式建构的有形世界的不知不觉的熟悉，以及被统治结构占有的相互作用的早期及被延续

[1] 我们可以通过这些术语想到宗教启示的象征效用（教皇谕旨、讲道、预言等），很明显，这种效用依靠一种宗教社会化的先决作用（教理讲授、做礼拜，尤其是过早进入一个浸透宗教感情的空间）。

的经验而得到实现，因而显得更加强大。

象征权力的魔法引起了对统治者与被统治者之间的魔法界线的实践认识和认可行为，被统治者借助这些行为，通常不自觉地，有时甚至不情愿地，默许规定的界线，助长对他们自身的统治，这些行为常常采用有形情感的形式——羞耻、谦恭、害羞、焦虑、负罪感，或激情和感情的形式——爱情、倾慕、尊敬；正是因为这些情感以可见的表现泄露出来，比如脸红、言语局促、笨拙、颤抖、愤怒或无力的狂怒，有时才更加令人悲伤，他们以如此多的方式服从统治者的判断，不管是不由自主，还是身不由己，有时还要在内心冲突和自我分裂之中，体会回避意识和意愿命令的身体与社会结构固有的审查所结成的秘密同谋。

（从性别、种族、文化或语言角度）被统治的习性的激情、躯体化的社会关系、转变为被归并法则的社会法则，并不是我们通过一种单纯的意志力量就能中止的，这种意志力量是建立在一种解放性质的觉悟基础之上的。象征暴力仅仅通过意识和意志的武器就可被战胜，这完全是幻觉。 61
因为，象征暴力有效性的作用和条件已经以配置的形式被持久地纳入身体的最隐秘之处。在亲缘关系状况和按照这种模式设想的所有关系状况下，这一点尤为明显。在这种状况下，社会化身体的这些持久倾向表现和存在于感情（子女之爱、兄弟之爱等）与责任的逻辑之中，感情和责任常常在对尊敬和情感忠诚的体验中被混淆，而且它们在其产生的社会条件消失后还会长期存在。因此我们看到，当外部限制消亡且获得形式上的自由——选举权、教育权以及从事所有职业包括政治职业的机会——之后，自我排斥和“天职”（既起积极作用又起消极作用）接替了明确的排斥：当进入公共场所被明文禁止时，比如在卡比尔人那里，这种禁令迫使妇女们待在被隔离的空间，并使得接近男性空间如集会地点成为一种可怕的不幸，这种禁令几乎可以同样有效地通过社会强加的这种广场恐惧症在别处实现，这种恐惧症在最明显的禁令取消之后还会长期存在，并导致妇女们自己退出广场。

强调统治持久地在身体上打下的烙印和统治通过这些烙印所起的作用，并不是为这种认可统治的极其恶毒的方式提供武器——这种统治旨在将妇女受到压迫的责任推卸到她们自己身上，如有人有时所做的那样，暗示她们选择采取顺从的做法（“妇女最坏的敌人是她们自己”）甚或她
62 们喜欢自己被统治，她们从自己遭受的待遇中“得到享受”，因为她们天性中有一种受虐狂的成分。应该同时承

认，人们有时为“责备受害者”而找到的“服从”配置依据是客观结构的产物，而这些结构只在它们引起的配置中获得有效性，这些配置有助于这些结构的再生产。如若没有那些忍受权力的人和仅仅因为他们这样构造了权力就忍受权力的人的推波助澜，象征权力就无法实施。但是，为了避免停留在这种证明上（如唯心论的、常人方法学的或其他的建构主义），应该注意并意识到认识结构的社会构造，这些认识结构组成了对世界及其权力的构造行为。因此，还要清楚地看到，这种实践的构造远非一个孤立的“主体”有意识的、自由的、坚决的智力行为，而是一种权力的结果，这种权力以认识和（倾慕、尊敬、爱等）配置模式的方式被永久地纳入被统治者的身体之中，这些模式使人敏锐地感觉到权力的某些象征表现。

对统治的认可即便看起来真是依赖赤裸裸的力量，如武力或金钱的力量，它依然意味着一种认识行为，但这并不等于说我们有充分理由采取一种理智主义和经院式的“迂回方法”，以意识的言语描述这种认可。这种迂回方法，如同在马克思［以及尤其是那些继卢卡契（Lukács）之后谈论“虚假意识”的人］那里一样，导致从“觉悟”的自动作用中期待妇女解放，却由于缺乏一种实践的配置理论，忽视了因社会结构进入身体而产生的晦暗和惰性。

纵使让娜·法夫雷-萨达（Jeanne Favret-Saada）明确指出了经“说服和诱惑”得到的“赞同”概念不恰
63 当，但她最终并没有真正摆脱强制与（作为“自由接受”和“明确协作”的）赞同之间的取舍，因为她依旧像马克思一样局限在一种“意识”哲学之中（因此她谈到被压迫者“被统治的、支离破碎的、矛盾的意识”，或“男人通过物质的、合法的和精神的权力对女人的意识的侵犯”），她从马克思那里借鉴了“异化”这个词；由于她没有注意到男性秩序对身体产生的持久作用，她无法确切地理解构成象征暴力的特有作用的着了魔一般的服从。[①] 我们看到“想象”一词随处可见，被胡乱使用，这个词无疑比“意识”一词更不确切，因为它尤其趋向于忘记占统治地位的观念原则不是一种简单的精神表象、一种幻觉（“头脑中的种种想法”）、一种意识形态，而是一个被持久地纳入事物和身体的结构系统。妮科尔-克洛德·马蒂厄（Nicole-Claude Mathieu）无疑是

---

① J. Favret-Saada, «L'arraisonnement des femmes», *Les Temps modernes*, février 1987, p. 137 – 150.

对赞同观念展开最深入的批判的人，她在一篇题为《论被统治的意识》① 的文章中，指出赞同观念“几乎消除了压迫者一方的全部责任”② 并“事实上再次否认了对被压迫者的负罪感”③；但是，由于没有放弃“意识”的话语，她没有将分析进行到底，如没有探讨对统治者强加给被压迫者的思想和行动的可能性的限制④以及“男人以无所不在的权力对她们的意识的侵入”⑤。

这些批评的分歧并非毫无来由：它们实际上意味着女权主义运动要求的象征革命不能被简化为一种单纯的意识和意志的转变。由于象征暴力的基础不仅处于需要澄清的被蒙蔽的意识中，而且处于适合统治结构并产生于统治结构的配置之中，我们只能从配置产生的社会条件的一种根 64

① N. -C. Mathieu, *Catégorisation et idéologie de sexe*, Paris, Côté-femmes, 1991.

② 同上书，p. 225。

③ 同上书，p. 226。

④ 同上书，p. 216。

⑤ 同上书，p. 180。应该附带指出，对生殖关系的男性观念（比如在话语和仪式中，女性特定贡献的最小化）的批判的最有决定性的进展，在对实践尤其是仪式实践的人种学分析中找到了最可靠的支持（参见 N. -C. Mathieu 所辑录的文章，*in* N. Echard, O. Journet, C. Michard-Marchal, C. Ribéry, N. C. Mathieu, P. Tabet, *L'Arraisonnement des femmes. Essais en anthropologie des sexes*, Paris, École des hautes études en sciences sociales, 1985）。

本改变中，期待象征统治的受害者与统治者的同谋关系的中止，因为配置使得被统治者以统治者的观点看待统治者和他们自身。象征暴力只能通过一种认识和无知的实践行为得到实现，这种行为在意识和意志之外进行，并将其“催眠权力”赋予它的所有表现，如命令、建议、诱惑、威胁、责备、秩序或秩序的恢复。但是，一种仅仅通过配置的同谋发挥作用的统治关系，为了达到永存或转变的目的，相当依赖这些配置作为其产物的结构的永存或转变（尤其依赖一个象征财产市场的结构，这个象征财产市场的根本法则是妇女在那里被当成从低到高流通的物品对待）。

65 象征财产经济中的妇女

因此，配置（习性）无论对男人还是对女人而言都与生产和再生产配置的结构（莱布尼茨意义上的 habitudines)，尤其是与技术-仪式活动的整个结构密不可分，后者在象征财产的市场结构中找到了其最终的根据。[①] 神话-仪式系统认可和夸大妇女的低等和受排斥的原则，甚至将这

① 莱布尼茨预告了现代哲学比如皮尔斯（Peirce）哲学的某些端倪，他谈到“habitudines”，即持久的方式、结构、发展的结果，用来指在表达式中被说明的东西［G. W. Leibniz, «Quid sit idea», *in* Gerhardt (ed.), *Philosophischen Schriften*, Ⅶ, p. 263 - 264］。

个原则当作整个世界的区分原则。其实，这个原则不过是根本的不对称，主体与客体、金钱与工具的不对称，这种不对称建立在象征交换、象征资本的生产和再生产关系领域内的男女之间，象征交换是整个社会秩序的基础，其中心机构是婚姻市场：女人在这里只作为物品甚或符号出现，这些符号的意义是在她们之外构成的，其功能是帮助延续和增加男人所把持的象征资本。妇女被赋予的真实地位以对立推理的形式体现在极限情形中，在这个情形中，一个没有子嗣的家庭为了避免世系消亡，只能为女儿娶一个男人（l'awrith），这个男人一反结婚后女人入住夫家的惯例，住到了他的妻子家里，而且像一个女人，也就是像一件物品一样流通（卡比尔人说“他做了新娘”）：男子气概本身受到了质疑。我们看 66
到，在贝亚恩如同在卡比利亚一样，整个集团对遭受此种耻辱的家庭所使用的狡猾手段表现出一种最终的宽容，而这个家庭这样做是为了从表面上挽救它的名誉，如果可能的话，还挽救那个“物化男人”的名誉，如果他作为男人的意义消失了，他就会对接纳他的家庭的名誉提出质疑。

在象征交换经济的逻辑中，更确切地说，在亲缘和婚姻关系的社会构造中，存在着文化分类（taxinomies）中男性被赋予优先地位的原因，亲缘和婚姻关系的社会构造赋予妇女作为交换物的社会地位，交换物是依照男人利益确定的，因而注定要促进男人的象征资本的再生产。列维-斯特劳斯（Lévi-Strauss）在乱伦禁忌中看到了社会的创立行为，由于乱伦禁忌包含被视为男人之间的平等交往的交换命令，所以它与暴力机制是互相关联的。作为交换主体和婚姻主体的妇女被暴力机制否定了，交换和婚姻是通过她们建立起来的，暴力机制却将她们简化为物的状态，或更确切地说，简化为男性政治的象征工具：她们注定要作为信用符号流通并建立男人之间的关系，因此沦落为象征资本和社会生产或再生产的工具。也许，如果要与列维-斯特劳斯的纯粹“符号学”观念决裂到底，就应该在萨德的流通中看到列维-斯特劳斯的流通中幻灭的或犬儒主义的界线。萨德的流通，如安娜-玛丽·达迪尼亚（Anne-Marie Dardigna）所说，使得“女性的身体严格说来成为一个可以估价并互相交换的物品，像货币一样在男人之间流通”①。列维-斯特劳斯的流通无疑是
67 由与货币交换的普遍化相关的幻灭（色情是它的一个特征）实现的，它揭示了合法妇女的合法流通最终依赖的暴力。

严格意义上的符号学阅读将妇女的交换设想为交流关系，

---

① A. -M. Dardigna, *Les Châteaux d'Éros ou les infortunes du sexe des femmes*, Paris, Maspero, 1980, p. 88.

掩盖了婚姻交易的政治维度，即力求保存或增加象征力量的力量关系①，而纯粹“经济学主义”的阐释，如马克思主义或其他的阐释，将象征生产方式的逻辑与一种严格意义上的经济生产方式的逻辑混为一谈，将妇女的交换视为商品的交换，这两者都忽视了象征财产经济基本的暧昧性：这种经济以象征资本（名誉）的积累为目的，它将各种不同的原材料，首先是妇女，还有所有可以从形式上进行交换的其他物品，转化为礼物（而非产品），也就是说，转化为同时也是统治工具的交流符号。②

这样一种理论不仅考虑这种交换的特殊结构，同样考虑这种交换要求那些完成交换的人发挥的社会作用，尤其是生产和再生产交换必需的社会作用，还要考虑行动者（主动的，男人；或被动的，女人）和逻辑本身——这就反对这样一种幻想，即象征资本在某种程度上，通过自身的力量且在具有明确时间地点的行动者的行为之外产生。（再）生产行动者，就是（再）生产组成社会世界的范畴（从认识和评价 68

① 关于与语言交换内涵中交换的符号学观念决裂的后果，参见 P. Bourdieu，*Ce que parler veut dire*，*op. cit.*，p. 13 - 21 et *passim*。

② 这种对象征财产经济的唯物主义分析有助于摆脱“物质”与“观念”之间不可靠的取舍。这种取舍通过“唯物主义”研究与“象征”研究［这些研究往往是非常出色的，比如米歇尔·罗萨尔多（Michele Rosaldo）、谢里·奥特纳（Sherry Ortne）、盖尔·鲁宾（Gayle Rubin）的研究，但在我看来，它们是片面的：罗萨尔多和奥特纳看到了象征对立的作用和被统治者的同谋，鲁宾看到了与象征交换和婚姻策略的联系］之间的对立长久存在。

模式与社会集团的双重意义来看)，这显然是亲缘范畴，但同样也是神话-仪式范畴；（再）生产游戏和赌注，就是（再）生产进行社会再生产（而不仅仅是满足性欲）的条件，社会再生产是由一种竞技交换保证的，这种交换力求积累谱系身份、世系或祖先名字也就是象征资本，因而也就是积累对人行使的永久权力和权利：男人生产了符号并以伙伴-对手的关系主动交换符号，伙伴-对手是由一种名誉上平等的基本关系联结在一起的。这种关系甚至是一种交换的条件，这种交换可能产生名誉上的不平等，也就是统治——这正是列维-斯特劳斯那样的纯粹符号学观念所缺乏的。因此，在作为主体的男人与作为交换对象的女人之间，作为生产和再生产的负责人和主宰的男人与作为这项劳动的被转化产品的女人之间，不对称是根本的。[①]

69 当象征资本和社会资本的获得大致构成了可能的积累

① 在谈及上面提出的每一种主张时，我本来可以（或应该）一方面说明它与列维-斯特劳斯论点的不同之处（我只在我觉得特别重要的一点上这样做了），另一方面说明它与某种相近的分析，尤其与盖尔·鲁宾的分析［« The Traffic in Women: The Political Economy of Sex », *in* R. R. Reiter (ed.), *Toward an Anthropology of Women*, New York, Monthly Review Press, 1975］的不同之处，鲁宾的研究试图分析妇女的受压迫状况，他以不同于我的一种视角，复述了列维-斯特劳斯的原创分析的某些特征。这就会使我对这些作者予以正确的评价，与此同时突出我的“不同”，以免我好像在重复或复述我所反对的分析。

的唯一形式时——在卡比利亚就是如此——妇女是应该在免受侵犯和怀疑的情况下保留的价值，这些价值投入到交换之中，就会产生姻亲关系，也就是社会资本，以及有声望的姻亲，也就是象征资本。当这些姻亲关系的价值，即这些关系可能提供的象征利益，在某种程度上依靠可供交换的妇女的象征价值，也就是她们的名誉特别是她们的贞洁——贞洁构成了男性名誉，即整个世系的象征资本的被盲目崇拜的尺度——的时候，兄弟或父亲的名誉发展到了一种与丈夫的警觉同样严峻甚至偏执的程度，这种名誉是一种不言而喻的利益形式。

象征财产经济的决定力量通过基本的区分原则组成了社会世界的整个认识，并得到了整个社会空间的承认，也就是说不仅得到了经济生产的经济的承认，还得到了生物学再生产的经济的承认。因此，我们可以解释，在卡比利亚的情形和其他许多传统中，怀孕和分娩这种严格意义上的女性行为好像为了授精这种严格意义上的男性活动的利益而被消除了［我们顺便会看到，如果玛丽·奥布赖恩（Mary O'Brien）站在精神分析的视角，在男性统治中看到男人为克服他们被剥夺种族再生产手段的缺陷并为恢复父权的优先地位，掩盖女人在分娩中的真实作用而进行努力 70

的结果，那么她并没有错，但是她忘了把这种“意识形态”的作用与其真正的基础，也就是象征财产经济的限制联系起来，象征财产经济的限制规定，生物学再生产服从于象征资本再生产的必要性[①]]。在生育周期中正如在农耕周期中一样，神话-仪式逻辑赋予男人的介入以特权，男人的介入总是在结婚或开犁的时候以公共的、官方的、集体的仪式为标志，而孕育的周期却因此被牺牲了，无论是冬天的土地周期，还是女人的周期都是如此，女人的周期只产生随意的、几乎是偷偷摸摸的仪式行为：一方面，是对生活过程的中断的和异乎寻常的介入，是庄严完成的冒险的和危险的开创行为——有时，第一次开犁在公共场合，在众人面前举行——另一方面，是一个自然的和被动的隆起过程，女人或土地是这个过程的地点、机遇和物质基础，而不是行动者；这个过程只要求妇女具有相应的技术或习惯经验，以及靠劳作佑助自然的行为（比如锄草和为牲畜拾草），因此，这些行为更加不为人所知，首先不为男人所知：因为它们是熟悉的、连续的、普通的、重复的、单调的、“卑贱的和容易的”，正如我们的诗人所说，它们大部

① M. O'Brien, *The Politics of Reproduction*, Londres, Routledge and Kegan Paul, 1981.

分只能在视线之外，在房屋的阴暗角落或在农事年的萧条期完成。[1]

一方面，性别分工被纳入生产活动的分工之中。由于我们将劳动的观点与生产活动联系起来，因而进一步来看，性别分工被纳入维持社会资本和象征资本的劳动分工之中。 71
这种劳动分工赋予男人一切官方的、公共的、表象的尤其是所有名誉交换活动的专利，名誉交换包括言语交换（在日常碰面尤其是在集会时）、礼物交换、女人交换、挑战和杀戮交换（其极限是战争）。另一方面，性别分工被纳入象征财产经济的主角的配置（习性）之中。首先是女人的配置，这种经济使女人沦落到成为交换对象的境地（甚至，在某些条件下，她们至少能间接地有助于指导和组织交换，特别是婚姻交换）；然后是男人的配置，整个社会秩序，尤其是与象征财产市场的运作有关的肯定或否定的确认，要求男人获得构成名誉感的能力和倾向，以严肃对待所有被认为严肃的活动。

---

① 在我们的社会中，连续与中断之间的对立，表现为女性家务劳动的常规性与男人乐意做出的“重大决定”之间的对立（参见 M. Glaude，F. de Singly，« L'organisation domestique：pouvoir et négociation »，*Économie et Statistique*，187，Paris，INSEE，1986）。

正如我在别处做过的那样[①]，我曾经以劳动的性别分工为指导描述单独的生产活动的分工，错误地采用了一种劳动的种族中心定义。另一方面，我本人还曾指出[②]，这个定义是历史的创造，它与“劳动”的前资本主义定义不同，后者作为一种社会功能的行使，可以说是“完全的”或未区分的，而且被包括我们的社
72 会认为属于非生产的活动，因为这些活动缺乏任何货币认可：在卡比利亚社会和大部分前资本主义社会中，同样也在旧制度社会的贵族阶级和资本主义社会的特权阶级中，这是所有直接或间接以社会资本和象征资本的再生产为目标的实践的状况，比如卡比利亚人订立婚约或在男人集会上讲话，或在别处从事一种优雅的体育运动、举办沙龙、举行舞会，或开办慈善机构。但是，接受这样一个残缺不全的定义，就是禁止自己全面地把握“任务”或责任的性别分工的客观结构，而这个结构扩展到了所有实践领域，尤其是交换。交换是男女有别的，男性交换是公共的、中断

---

① P. Bourdieu, *Le Sens pratique*, *op. cit.*, p. 358.

② 参见 P. Bourdieu, *Travail et Travailleurs en Algérie*, Paris-La Haye, Mouton, 1963, et *Algérie 60*, Paris, Éditions de Minuit, 1977。

> 的、异乎寻常的；女性交换则是个人的，甚至是秘密的、连续的和平常的。此外，这个结构还扩展到宗教或仪式活动，在这些活动中可以看到相同原则的对立。

在社会游戏（幻象）中的这种首要投入使得男人真正成为男人——荣誉感，男性特征，男子气概，或如卡比尔人所说的，“卡比尔人气概”（thakbaylith）——它是对自身所尽一切义务的不可辩驳的原则，是人们必须做的一切，也是人们为了与自身相符，为了在自己眼中无愧于男人的某种观念必须完成的一切的动力或动机。实际上，这是按照直与弯、竖立与倒伏、强与弱，简而言之，按照男人与女人之间的基本区分来构造的一个习性，在这种习性与按照同样区分方式而组成的社会空间的关系中，产生了男人的竞技投入，作为许多具有急迫性和要做的事以及女人充满节制和克制的道德。

因此，名誉问题，通过服从获得的游戏意识的这种特 73
殊形式，是再生产策略系统的原则，服从被扩展到象征财产经济的规律性和规则上。作为象征资本的生产和再生产工具的把持者，男人通过再生产策略，维护或增加这种资本：生殖策略、婚姻策略、教育策略、经济策略、继承策略全都以移交继承的权力和权威为目的。[①] 象征秩序一旦由不得已变为乐事，它就成了通过行动者的互相作用永久存在的名誉倾向（也就是一个世系或——在贝亚恩和中世纪的贵族家庭中，毫无疑问还存在其他情形—— 一个“名门”所共有的象征资本）归并的产物。

女人被排除出所有公共场所、集会、市场，而通常被视为人类生存最严肃的活动，比如名誉活动，往往在这些场合举行。可以说，她们先天地以荣誉平等的（默许）原则的名义受到排斥，这种原则意味着，挑战产生荣誉，只有当挑战是面向一个男人（与女人相比）和一个能够迅速回击的有荣誉感的男人时，挑战才是值得的。因为这种回击也包含了一种认可的形式，所以产生荣誉。这个过程的完美循环说明这关系到一种任意的指定。

74 男子气概与暴力

如果说妇女因为服从于有贬低、否定她们的倾向的一

---

① 关于名誉与婚姻和继承策略之间的联系，参见 P. Bourdieu, «Célibat et condition paysanne», *Études rurales*, 5 – 6, avril-septembre 1962, p. 32 – 136; «Les stratégies matrimoniales dans le système des stratégies de reproduction», *Annales*, 4-5, juillet-octobre 1972, p. 1105-1127; Y. Castan, *Honnêteté et relations sociales en Languedoc* (*1715-1780*), Paris, Plon, 1974, p. 17 – 18; R. A. Nye, *Masculinity and Male Codes of Honor in Modern France*, New York, Oxford University Press, 1993。

种社会化作用，学会了克制、顺从和沉默的消极道德，那么，男人也是统治表象的囚徒和暗中的受害者。那些导致承担和实施统治的配置如同服从的配置一样，并不应被纳入一种天性之中，而应该是由一种社会化的长期作用构造的，也就是说，如同我们所见，是由一种相对于异性的主动区分的长期作用构造的。男子气（vir）意义上的男人身份包含着一种应当（devoir-être），一种人格（virtus），它以“自然而然”的方式让人接受，不可辩驳。荣誉与高贵一样，是以一系列配置的形式存在于身体之中的，这些配置表面上是自然的，通常表现在一种行为、举止的特定方式中，比如一种头部姿态、一种仪表、一种步态，与一种思考和行动方式、一种习性形态、一种信仰等密切相关——荣誉排斥一切外部限制，支配着有荣誉感的男人。荣誉（在双重意义上）借助一种力量（“这力量比他更强大”）指引着他的思想和实践，但是并不机械地限制他（他完全可以逃避要求，达不到要求）；它借助一种逻辑的必要性引导他的行动（除非改变自己的看法，“他别无选择”），但并不用依靠一条规则或一种理性算计的无情逻辑判断要求他。这种支配力量能够让他把在别人看来不可能和不可思议的行为，当成不可避免的或顺理成章的，也就是无须

考虑和审查的行为接受。这种力量就是社会超验性，这种超验性变成实体并作为必然之爱、命定之爱、有形的倾向
75 起作用，这种倾向能够实现一种变为社会本质并由此转化为命运的身份。高贵，或名誉问题（鼻子），在被视为高贵的一系列配置（身体和精神的勇气、慷慨、宽宏等）的意义上，是一种社会命名和灌输活动的产物，经过这种活动，一种社会身份进入了一种生物学的自然之中，并变成了习性，即被归并的社会法则，这种社会身份是由这些“神秘分界线”中的一条建立的，这些界线是由社会世界构成的并被所有人认识和认可。

男性特权也是一个陷阱，而且它是以长久的压力和紧张换来的，这种压力和紧张是男人在一切场合展示男子气概的义务强加给每个男人的，有时甚至发展至荒谬的地步。① 当男性特权为一个集体，比如世系或家族这个主体而行使，它本身要服从象征秩序所固有的要求时，名誉观事

---

① 首先，就性的方面而言，至少在北非社会，20 世纪 60 年代收集的一个阿尔及尔药剂师的见证表明，男人非常频繁和非常普遍地求助于春药——这在传统药剂师的药典中占了很大的比重。男子气概毕竟要受到一种多少有些隐蔽的集体判断形式的检验，这发生在新娘失去童贞的仪式中，同样通过女人的谈话表现出来，女人的谈话大多放在性事和男子气的欠缺上。1998 年年初“伟哥”（Viagra）在欧洲和美国的出现所引起的风潮，以及心理治疗医师和医生的许多著作，都表明对男子气概的生理表现的忧虑丝毫没有一种外来的地方主义特征。

实上表现为一种典型，或更确切地说，表现为一个注定要在不止一种情况下难以理解的要求体系。男子气概既被理解为生殖的、性欲的和社会的能力，也被理解为斗争或施暴的能力（尤其在报复中），但男子气概首先是一种责任。 76
男人与女人相反，女人的名誉基本上是消极的，只能得到维护或失去，女人的美德依次是贞洁和忠实。而“真正具有男子气概”的男人会尽最大可能地扩大自己的荣誉，在公共领域内赢得光荣和尊敬。对男性价值的颂扬的黑暗对立面是对女性特征的恐惧和焦虑：女人是弱者和软弱的根源，作为名誉、名节（la h'urma）的脆弱性、神圣的左侧（女性的，与男性神圣的右侧对立）的体现，她们总是面临受侵犯的危险，但是她们也会因为拥有弱者的所有武器而变得强大，比如狠毒的阴谋（thah'raymith）和巫术。[①] 因此，一切都促使把不可能实现的男子气概的理想变成一种巨大的脆弱性原则。这种巨大的脆弱性，自相矛盾地导致人们有时疯狂地投身所有男性暴力游戏，比如我们社会中

---

① 在原始神话中可以看到这一点。在原始神话中，男人惊异地发现女性生殖器和女人向男人（并非男女互相）展示的乐趣，男人在将他与女人连接在一起的对立系统中处于真诚的和天真的（niya）方面，与狠毒的阴谋（thah'raymith）截然对立。关于这种对立，可参见 P. Bourdieu et A. Sayad，*Le Déracinement. La crise de l'agriculture traditionnelle en Algérie*，Paris，Éditions de Minuit，1964，p. 90－92。

的体育运动，尤其是那些最适合产生男子气概的可见符号[1]
77 与显示并证明所谓男子素质的运动，比如格斗。[2]

众所周知，名誉——或其对立面羞耻——不同于负罪感，是在别人面前表露出来的，男子气概同名誉一样是由其他男人通过现在的或潜在的暴力事实所确认，并由属于“真正男人”的集团的认可证明。许多制度的例行规定，特别是学校的和军事上的例行规定，包含着对男子气概的真正考验，这些考验旨在加强男人之间的团结一致。某些类似少年团伙集体强奸的举动——在资产阶级少年记忆中挥之不去的集体逛妓院的更劣等的变种——目的是让经受这种考验的人能够通过他们的暴力真理，也就是在所有除去

---

① 参见 S. W. Fussell, *Muscle*: *Confessions of an Unlikely Body Builder*, New York, Poseidon, 1991, et L. Wacquant, «A Body too Big to Feel», in *Masculinities*, 2 (1), spring 1994, p. 78－86。洛伊克·瓦康（Loïc Wacquant）有理由强调表现在健美运动中的“男子气概的悖论”，如B. 格拉斯纳尔（B. Glassner）所说，健美运动是“反抗脆弱感的狂热斗争”；同时，瓦康强调“男性幻象借以占据和介入一个生物个体的复杂过程”也是有道理的。

② 19世纪末中欧国家中传统犹太人习性的构造与这里描写的男性习性的构造过程截然相反：在犹太社区中，明确拒绝暴力崇拜，甚至拒绝以最习以为常的形式出现的暴力崇拜，比如决斗或体育运动，这就导致为了有利于发展温柔和“平和”配置（强奸和血案的罕见证明了这一点）的智力和精神训练而贬低身体训练，尤其是最剧烈的身体训练（参见 V. Karady, «Les juifs et la violence stalinienne», *Actes de la recherche en sciences sociales*, 120, décembre 1997, p. 3－31)。

男子气概的爱的温柔和温存之外，在别人面前[1]，显示他们的男子气概，这些举动清楚地显示了男子气概所有表现的他律性及其对男性集团评判的依赖。

军队或警察局（尤其是“精英机构”）和犯罪团伙，78
但更普遍地，某些工作团体也要求或承认某些“勇敢”形式，尤其在建筑行业中，这些“勇敢”形式鼓励或迫使人们做出不顾可能发生事故硬充好汉的行为、拒绝采取安全措施并否认或藐视危险，矛盾的是，这些“勇敢”形式其实根源于某种恐惧，即害怕失去团体的尊敬或钦佩，害怕在“伙伴”面前丢脸，害怕看到自己被归入“弱者”“瘦子”“弱女子”“被鸡奸者”等典型的女性范畴。因此，所谓“勇敢”有时植根于一种懦弱的形式中。只需举出各种情况的例子即可让人信服，在这些情况中，为了实施谋杀、酷刑或强奸这类行为，统治、剥削或压迫的意志依赖于一种“男性”恐惧，男人害怕自己被逐出无弱者的“男人”世界、被逐出所谓“强者”的世界，这些人之所以有时被称为“强者”，是因为他们对自己的痛苦，尤其对别人

---

① 男子气概与暴力之间的联系明确表现在将阴茎描述为一种武器的巴西传统中（R. G. Parker, *Bodies, Pleasures and Passions: Sexual Culture in Contemporary Brazil*, Boston, Beacon Press, 1991, p. 37）。进入（foder）与统治之间的关联也是非常明确的（p. 42）。

的痛苦表现强硬。凶手、施刑者和所有专政机构及所有“全体机构”，甚至最普通的机构比如监狱、兵营或寄宿学校的小头目都是“强者”，新自由主义圣徒传记所颂扬的从事斗争的新雇主也不例外，他们也常常服从于外在勇气的考验，通过让过剩的雇工失业来显示他们的控制权。正如我们所见，男子气概是一个相当具有关系意义的概念，它是面向和针对其他男人并反对女性特征，在对女性且首先在对自身的一种恐惧中形成的。

第二章
对被掩盖的恒量的回想

对一个社会世界的人种学描述，将作为男性中心世界 79
观的细微迹象和分散片断的一种“探测器”，并由此作为无意识的一种历史考古学工具发挥作用，这个社会世界既足够遥远，远到可以容易地被客观化，又完全以男性统治为中心建立起来。毋庸置疑，无意识最初是在我们社会的一种非常古老和非常陈旧的状态下构成的，它存在于我们每个人的身上，无论是男人还是女人（历史无意识因此与一种生物学或心理学的本性，以及作为心理分析所主张的性别差别被纳入这种本性中的属性无关，而与一种构造作用——比如力求使男孩脱离女性世界的构造作用——有关，这种构造完全是历史性的，因而有可能被其产生的历史条件的某种变化改变）。

应该在一开始便指出对男性中心的“无意识”的既成模式的认识允许我们在无意识表现中揭示和理解一切。这种无意识是我们的，它通过灵感乍现，呈现或流露在诗人的隐喻或由于明证性而不易察觉的通俗比喻中。一个没有
80 成见的读者——幸亏有用于提供概要的、完全不考虑本土实践的一种无意识观念的图表——能够从构成卡比利亚社会的实践（尤其是惯常的实践）和表现的对立或同源关系中有所收获。这种经验会从一种明显之感一直发展到一种困惑的形式，人们只要想一想，就会发现这种明显感丝毫也不明显，反而依靠对同一种无意识的呼应；而这种困惑的形式可能伴随着一种启示的印象，或更确切地说，一种重新发现的印象，这种印象完全类似于某些诗歌隐喻中必不可少的出乎意料所带来的印象。读者很快就可以熟悉每个对立关系和直接或间接的等价关系网，这个关系网将每种关系与所有其他关系联结为一个系统，并赋予它客观和主观的必要性，人种学家在此之前曾更费力地这么做过，但这种熟悉不是靠获得简单的知识得到的，而是靠重新获得一种向来被拥有又被丧失的认识得到的，弗洛伊德继柏拉图之后称这种认识为“回想”。

但是这种回想并不仅仅针对柏拉图的本相的内容，也不

仅仅针对弗洛伊德的无意识构成的个体过程——这种无意识的社会特征并未真正被排除，而是沦为一种一般的和普遍的、从未具备社会特点的家庭结构。这种回想针对既是集体的又是个体的无意识的系统发生和个体发生，这种无意识是一种集体历史和个体历史归并的痕迹，这种痕迹强加给所有行动者，男人抑或女人，即它的强制前提系统——人种学构建了这个系统可能具有解放作用的公理体系。

身体的改造活动既可以在性别方面被区分，又能够在性别方面进行区分。它部分通过模仿的暗示作用，部分通过明确的指令，最终，部分通过生物学身体观念的整个象 81
征构造（尤其是性行为，性行为被视为统治行为和占有行为）完成，从而系统地产生了被区分和能进行区分的习性。今天，男人身体的男性化和女人身体的女性化，这巨大的且在某种意义上无休止的任务，无疑比以往任何时候，几乎总是要花费更多的时间和精力，并决定了如此被自然化了的一种统治关系的躯体化。最基本的配置，即那些促使人们既倾向于又适于进入最利于展示男子气概的社会游戏如政治、商业、科学等的配置，就是通过身体训练让人接受的［早期教育在不同程度上鼓励男孩和女孩加入这类游戏，但更支持男孩的各种形式的统治欲望（libido dominan-

di)，统治欲望可以在社会欲望最“纯粹”的形式，比如求知欲望（libido sciendi）中找到升华了的表达方式[①]]。

作为贵族风范的男子气概

尽管卡比利亚社会为男性中心的无意识冲动提供的“理想”条件大部分遭到了破坏，男性统治已经丧失了某种明显的、直接的东西，但是建立这种统治的某些机制，比如建立在社会空间的客观结构与这些结构无论在男人还是女人身上
82 产生的配置之间的因果循环关系，仍在继续发挥作用。女人被抛入的这个按照性别等级划分的世界，向女人不断颁布着沉默的和看不到的指令，这些指令至少与恢复秩序的明确要求一样，企图让女人把随意的规定和禁令当成显而易见的、自然而然的和天经地义的事情接受。这些规定和禁令被纳入事物的秩序之中，还不知不觉地被铭刻在身体的秩序之中。

如果说世界好像总是布满了标志和符号，它们指示要做的事或不要做的事，像点画法那样描绘可能的、可行的或不可能的运动和移动，那么一个具有社会差别和经济差别的空

---

① 应该列出所有相关的观察报告，这些报告表明，从幼年时起，孩子们就按照性别成为非常不同的集体期待（attentes collectives）的对象。而且，在学校，男孩通常受到优待（我们知道，老师花在他们身上的时间更多，他们较多被提问，较少被打断，参加一般讨论的机会更多）。

间提出的“要做的事”和“要发生的事”并不针对某个行动者、某种可互换的X，而是根据每个行动者的位置和配置确定自身：对于这一类或那一类，也就是说尤其是对于一个男人或一个女人（在这种或那种条件下），它们表现为要做的事或做不了的事、自然而然的事或不可思议的事、正常的事或异乎寻常的事。社会行动者每时每刻都能发现马塞尔·莫斯（Marcel Mauss）可能会说的“集体期待”（attentes collectives），或马克斯·韦伯（Max Weber）的用语“客观可能性”（potentialités objectives），这两者丝毫没有抽象的成分，也没有理论的成分，即使科学为了把握它们不得不求助于统计。两者被纳入熟悉环境的状况中，表现为男性的公共空间与女性的私人世界之间的对立，公共场合（或街道，充满各种危险的地方）与家庭之间的对立（我们多次看到，在广告和幽默画中，女人在大部分时间里被放入家庭空间，男人则不同，他们很少与家庭有关，而经常出现在有异国风情的地方）。例如男人的领地如盎格鲁-撒克逊世界的酒吧和俱乐部 83
与所谓“女性空间”之间的对立：这些酒吧和俱乐部通过皮革，笨重的、有棱角的、颜色黯淡的家具，令人想到一种生硬和粗鲁的男人形象，而女性空间矫揉造作的颜色、小摆设、花边或缎带则令人想到软弱和轻浮。

“客观期待”尤以默许的形式被纳入仍有很大性别差异的劳动分工结构提供给女人的位置中。无疑，被家庭和整个社会秩序反复灌输的所谓“女性”配置，通过与“客观期待”的会合才能完成乃至充分发展，并同时得到回报，因而有助于加强基本的性别二分法，职位上的和其占据者身上的二分法。职位似乎要求服从，提出安全需要，占据者被等同于职位，他们在职位上中了魔法或被异化了，因此他们既找回了自我又迷失了自我。人们称为“天职”的东西的逻辑，在本质上是社会性的，它的作用是生产配置与位置之间的这些契合，这些契合使得象征统治的受害者能够幸福地（或幸运地）完成依照她们拥有的服从、善良、温顺、忠诚和克制的美德分配给她们的次要或从属的任务。

在社会方面，有性别差异的欲望与审查欲望或使欲望的表达合法化的机构发生联系。“天职”在某种程度上一向是对职位应允（比如对一个女秘书来说，打文件）和许可（比如与老板保持一种母子关系或引诱关系）的东西多少带点幻想的期待。当职位通过它所包含的明确和暗含的期待，允许和促进某些技术的、社会的，但同样是性的或具有性的含义的行为时，与职位的契合就可能有一种揭示作用。
84 因此，工作世界充满了小小的职业隔离群（医院、部长办公室等），这些隔离群几乎起到家庭的作用。在这个家庭中，部门领导几乎总是一个男人，他行使一种家长式的权威，这种权威建立在掩饰情感或诱惑的基础上。他一方面工作繁重，另一方面负责在这个机构发生的一切事情，并为主要是女性的下级（护士、助理、秘书）提供一种普遍化的保护。因此，这个下级被鼓励在这个机构中和代表这个机构的人身上进行大量的，有时甚至是不正常的投资。

但是这些客观期待也非常具体和非常明显地凸显出来，这不仅体现在劳动分工（医生/护士，老板/秘书，等等）的所有等级符号中，同样体现在性别之间差异的所有可见表现（举止、衣着、发式）上，而且更广泛地来看，体现在表面上微不足道的日常行为的细节中，日常行为包含了数不清的、难以觉察的恢复秩序的要求。[①] 因此，在电视屏

---

① 应该仔细分析统计学以女性化比例的形式记录下来的东西的所有社会效果。比如，人们知道，一种职业的女性化前景降低了这种职业令人向往的程度和威望［参见 J. C. Tonhey，«Effects of Additional Women Professionals on Rating of Occupational Prestige and Desirability»，*Journal of Personality and Social Psychology*，1974，29（1），p. 86－89］。人们很少注意到男女人口比例自身会发挥作用，比如它有助于获得一整套配置，这些配置没有被明确纳入正式课程中，但是以扩散的方式被反复灌输（参见 M. Duru-Bellat，*L'École des filles. Quelle formation pour quels rôles sociaux*，Paris，L'Harmattan，1990，p. 27）。人们甚至看到，女孩在她们占少数的技术教育专业中较难获得成功（参见 M. Duru-Bellat，*op. cit.*）。

幕上，女人几乎总是被规定为次要角色，这些角色是“女招待”职务的若干变种，“女招待”职务传统上属于“弱小
85 的性别”；当她们身边没有男人陪伴的时候，她们很难让人接受或让人听她们讲话，于是她们被降格为一个习惯上的“报幕员”或“解说员”角色。她们充当男人的陪衬，而男人常常通过多少有点过分的玩笑和影射，利用被纳入“夫妻”关系中的所有暧昧。当女人参加公共讨论时，她们必须永远为加入谈话和吸引注意力而斗争，她们所受的贬低更加不可改变，因为这种贬低不出自任何明确的恶意，而是无辜地完全出于无意识：人们打断她们的谈话，诚恳地邀请一个男人回答她们刚刚提出的睿智的问题（好像这个问题的答案终究无法出自一个女人之口）。这种对存在的否认经常迫使她们为了得到承认而求助于弱者的武器，这类武器加深了刻板的印象：显露，注定要表现为无根由的心血来潮或立刻被当作歇斯底里的炫耀；诱惑，在依靠一种对统治认可的形式时，非常适于加强象征统治的法定关系。应该指出的是意图最明显的男人（我们知道，象征暴力并不发生在有意识的意图范畴之内）采取的所有歧视行为，他们甚至毫无疑问地将女人排除出权力位置，将她们的要

求简单地当成用语言安慰或拍拍脸蛋就行①的心血来潮。或者，他们本着表面上看来截然不同的意图，强调她们的女性特征，并将她们在某种程度上简化为其女性特征，比如 86
将注意力吸引到发式或其他某种身体特征，或在一种“正式的”场合（医生在其病人面前）使用熟悉的称呼（小名）或亲密的称呼（“我的小姑娘”“亲爱的”等），等等；这么多无意识的极小“选择”互相补充，有助于构成女人被贬低的状况，它们的作用被记录在统计表中，造成居于经济的尤其是政治的权力地位的妇女比例极低。

事实上，将男子气概与贵族风范相提并论并非夸张。只需看看众所周知的卡比尔人的逻辑即可相信这一点。这种逻辑就是盎格鲁-撒克逊人所说的双重标准（double standard)，这种逻辑在对男性活动和女性活动的评价中建立了一种根本的不对称。除了男人无法在不降低身份的情况下俯就的某些在社会方面被认定为低级的任务之外（原因之一是人们没有考虑到他可以完成这些任务)，同样的任务，假如由男人来完成，就会是高贵的和困难的，而由女

① 许多女观察家曾注意到，男女之间在南西·亨利（Nancy Henley）所说的“触摸的策略”即轻易的和经常的身体接触（拍脸蛋、触摸肩膀或身体）中彼此是不对称的。

人来完成，就是微不足道的和不引人注目的；如同将男厨师与女厨师、男裁缝与女裁缝区分开的差别一样，男人只需从事女性擅长的任务并在私人范围之外完成它们，这些任务就足以变得高贵和焕然一新了。玛格丽特·马吕阿尼（Margaret Maruani）指出："劳动总是因为由男人或女人完成而变得不同。"如果说，统计表明，所谓高级的职业大多属于男人，而那些属于女人的工作总是"低等"的，那么部分原因在于这个事实，即无论什么职业，在某种程度上
87 都是由男人完成这个事实来定性的（在这方面，男人从根本上来说都是优秀的）。[①] 因此，如同最高超的剑术无法为平民开启佩剑贵族的大门一样，排字女工不被认可与她们的男性同行从事相同的职业。尽管她们完成相同的工作，但她们还是被一幅帘子与他们隔开。她们进入图书行业招致了男人们的极大抵触，他们的高等职业劳动神话受到了威胁："无论排字女工做什么，她们都只是打字员而且没有任何资格。无论校对员做什么，他们都是图书业的行家而且总是很有资格。"[②] 妇女们为使她们的资格获得认可进行

---

① M. Maruani et C. Nicole, *Au Labeur des dames: Métiers masculins, emplois féminins*, Paris, Syros/Alternatives, 1989, p. 15.

② 同上书，p. 34 - 77。

了长期斗争之后，技术变革在男女之间彻底重新分配的任务将被任意重组，这样就会贬低女性的劳动，并最终维持男性劳动的高贵价值。[①] 我们看到，卡比尔人的原则想让女人的劳动沦落至看不到的状态，女人在家里东奔西走，注定要像“苍蝇掉进乳液里一样，表面上什么也看不到”[②]。这个原则在表面上发生根本变化的背景下仍然适用，正如 88
妇女们仍被普遍剥夺了符合她们的实际职能的级别称号这个事实所证明的一样。

肯定的或否定的“集体期待”通过它们规定的主观期望，倾向于以永久配置的形式进入身体。因此，按照期望符合机遇、愿望符合可能性的普遍法则，对一个逐渐性别化的世界的持续的和暗中被歪曲的体验，趋向于通过阻止某种行为倾向来扼杀它，人们不期待女人完成某些行为，甚至无需明确拒绝她们。正如对由性别变化引起的配置变化的见证所表明的，上述经验有利于出现一种“习得的软

---

① 任意差别的永久存在可以依赖于神话观念的最古老区分，比如热冷之分。正如我们在玻璃工业的状况中看到的，热的部门（炉子和生产）是属于男性的，被视为高级的；冷的部门（检验、挑选、包装）不那么高级，便留给了女人（H. Sumiko Hirata，*Paradigmes d'organisation industriels et rapports sociaux. Comparaison Brésil-France-Japon*，Paris，IRESCO，1992）。

② P. Bourdieu，*Le Sens pratique*，*op. cit.*，p. 450.

弱无助”（learned helplessness）：“我越被当成女人对待，我就越成了女人，不管愿不愿意，我都适应了。如果人家认为我不能倒车或开瓶子，很奇怪，我就会感到自己变得无能起来。如果人家认为一个手提箱太重了，我搬不动，不可思议地，我自己也会觉得是这样。”① 这是颠倒的或否定的皮格马利翁效应（effet Pygmalion）通过比喻达到的巧妙暗示，这种效应过早地、过于持久地作用于妇女，最终会变得几乎完全察觉不到（比如我想到了父母、老师、同学阻止，或更确切地说，“不鼓励”女孩子选择某些学科，
89 尤其是技术或科学学科：“老师总是说我们更弱，所以，我们最后相信了”“他们一再对我们重复说理科对男孩来说更容易。于是，不可避免地……”）。众所周知，在这种逻辑中，“骑士般的”保护本身除了会导致妇女的禁闭或证明这种禁闭之外，还会促使她们远离与真实世界的所有特征的任何接触，“她们不适合这些特征”，因为它们也不适合她们。

被纳入事物秩序的所有恢复秩序的要求，世界的普通进程所固有的所有沉默的禁令或暗中的威胁，显然都按照

① J. Morris，*Conundrum*，New York，Harcourt，Brace，Jovanovich，1974，p. 165 - 166.

场得到了明确规定，而两性的差别在每个场中以特定的方式，通过比如占统治地位的实践定义呈现给女人，表现在她们每个人身上，这个定义是通用的，没人想到要从有性别差异的方面理解它并进而提出质疑。统治者的本性就是能够让人承认他们的特定存在方式是普遍的存在方式。卓越的定义无论如何都具有男性的内涵，男性内涵具有不如是表现的特性。一个职位尤其是权力职位的定义，包括在性别方面具有的各种能力和禀赋：女人难以占据那么多职位，是因为它们是为男人度身设立的，男人的男子气概本身就是通过与处于现状的女人的对立构成的。为了完全成功地保住一份职业，一个女人不仅应该拥有职位的规范所明确要求的东西，还应拥有占据这些职位的男人通常为这个职位带来的一系列属性。一种身材、一种声音，或诸如侵犯性、自信、“与角色的距离”、所谓天然 90
的权威，等等，这些特性是男人作为男人心照不宣地被培养和被训练的。

换句话说，人们衡量女人的规则丝毫没有普遍性。所谓“普遍主义”的女性主义，因为无视统治的作用，以及统治者表面的普遍性从统治者与被统治者的关系中得来的一切——这里指一切涉及男子气概的东西，所以，将具有男子气概的男人的特性纳入了人类的普遍定义，而具有男子气概的男人是通过与女人的对立形成的。但是所谓的“差别主义”观念，由于同样无视占统治地位的定义是从统治的历史关系和对构成统治关系的差别的寻求中得来的（男子气概最终不是一种非女性特征又是什么?），所以在其重新评价女性经验的考虑中，也无法逃避一种温和的本质主义形式：如同桑格尔式的黑人气质赞同黑人的占统治地位的定义的某些特征如敏感，这种观念忘记了只有当人们将统治者的观点用于被统治者身上时，“差别”才会出现，而黑人气质致力于与之相区分［比如像乔多罗（Chodorow）那样赞扬与男性的分离性对立的相关性，或像某些女性主义作家那样，极力赞扬与身体的一种特殊关系］的这个东西本身也是一种历史区分关系的产物。

作为被感知的存在的女性存在

在女性习性生成中，在它现实化的社会条件中，一切都促使把女性的身体经验变成“为他人的身体”的普遍经验，这个身体不断承受他人目光和言语所实施的客观化。
91 与自己身体的关系不可归为一种“身体形象”，也就是说与一种自我评价的确定程度相关的主观表象（自我形象或镜像自我)，这种自我评价的确定程度是一个行动者从其社会作用（诱惑、魅力等）中得出的，而且基本上是从身体的客观表象，即他人（父母、同辈等）做出的描述性和规范性的反应出发构成的。但这样的模式忘记了整个社会结构是以被纳入互动的行动者身体的认识和评价模式的形式，存在于互动中心的。一个集团将其基本结构（如大/小、强/弱、粗/细等等）放入这些模式，这些模式从一开始就介于任何一个行动者与其身体之间，因为他的身体在他人那里引起的反应或表象，和他对这些反应的认识本身是按照这些模式形成的：从大/小和男/女的对立出发的一种反应（如同所有的典型判断，“她作为女孩太壮了”，或“这对女孩来说太烦了”，或“这对男孩来说算不了什么”，这些判断不过是卡比利亚谚语“男人没有缺点”的不同说法罢了)，是获得相关模式并体会这些模式提供的关于自己身体的实践经验的一个机会，这些模式被主体自身重新用在自己身上，并将产生相同的反应。

因此，被感知的身体受到社会方面的双重作用。一方面，它是通过各种中介诸如劳动条件（尤其是伴随劳动条件产生的畸形和职业病）或饮食习惯，依赖于其产生的社会条件的一种社会产物，甚至从表面上最自然的东西（它的体积、身材、重量、肌肉组织等）来看也是如此。身体特有的形体构造（“相貌”）和呈现这种构造的方式、行为、举止，同时进入了身体素养之中，于是身体素养就被认为按照“形体”与“精神”对应的公设，表达了真实的“个
92 人”的“深层存在”和“本质”，这个公设引起了实践的或理性化的认识，这种认识允许将“心理的”或“精神的”特征与身体的或相面术的征象联系起来（比如纤细和苗条的身体往往被当成男人克制身体欲望的标志）。但是这种被视为同时表现了最隐秘和最真实的东西的自然语言，实际上也是一种社会的、因而被自然化了的身份的语言，它表现为比如所谓自然的“庸俗”或“高雅”。

另一方面，这些身体属性是通过认识模式得到理解的，这种认识模式在评价行为中的使用，依赖于在社会空间中被占据的位置：通行的分类趋向于把统治者和被统治者身上最常见的属性分成等级，使它们互相对立（瘦/胖、大/小、优雅/粗鲁、灵巧/笨拙等等）。①每个行动者无疑很早就应重视其身体的社会表象，这种社会表象是通过一种社会

① 多米尼克·梅利耶就是通过分析男孩和女孩对男性写作和女性写作之间差别的不同认识，来阐明这样一种机制的（参见 D. Merllié, *art. cit.*）。

分类的应用获得的，这种分类的原则与用于身体的分类原则是相同的。[1] 因此，目光并非如萨特（Sartre）所愿，只是 93
一种普遍而抽象的客观化权力；这是一种象征权力，其有效性依赖于感知者和被感知者的相对位置，以及认识和评价模式的应用对象对这类被运用模式的认识和认可程度。

身体的实践经验，产生于由社会结构归并的基本模式在自己身体上的应用，而且不断为按照同样模式产生的、由自己身体在别人身上引起的反应所加强。这种实践经验在每个行动者身上是某种与其身体的持久关系的构造原则之一：这种保持身体姿态和将身体展示给别人的特定方式，首先表现了实践上被体会的身体与合法的身体之间的距离，同时也体现了一种对互动的成功机会的实践预见，而这种预见有助于（通过一般被描述为镇定、自信、自如等的特征）确定这些机会。社会所要求的和别人的目光和反应所规定的身体与身体的实践关系之间的差异越大，对自己的身体感到窘迫——对“异化的”身体的体验的特定形式，

① 因此，若不是生物学的遗传逻辑独立于社会遗传逻辑，有时例外地为经济方面和社会方面最没有出路的人提供最稀有的身体属性，比如美（有时美被说成是“致命的”，因为它威胁到了法定秩序），或相反，若不是遗传学的偶然有时剥夺了处于某种地位的“大人物”应有的身体特征，比如美或高大的身材，身体的价值会被严格按照其拥有者在社会空间中的位置来衡量。

即不安、羞怯或羞耻——的可能性就越大。这种可能性依照性别和在社会空间中的位置，变化很大。因此，高与矮之间的对立，如同许多经验所表明的，是行动者从他们的身体及他们对身体的整个实践应用，甚至是从他们赋予身
94 体的地位[①]（常见的表象赋予男人统治地位，即庇护、监督、监视之类的保护者地位）[②] 中得出的经验的基本原则之一，并按照性别得到确定，而性别本身就是通过这种对立得到考虑的。在社会空间里，统治者与被统治者的关系中的一种可见逻辑，使得他们彼此通过提供与这种逻辑使之对立的关系项相反的价值，实行同样的对立。我们通过西摩·费西尔（Seymour Fisher）的研究可以看到，按照这种逻辑，男人倾向于对他们认为“太小”的身体部位表现不满，而女人的批评则针对在她们看来“太大”的身体区域。

男性统治将女人变成象征客体，其存在（esse）是一种被感知的存在（percipi），所以男性统治的作用是将女人置于一种永久的身体不安全状态，或更确切地说，一种永久的

① 关于这一点，参见 S. Fisher et C. E. Cleveland, *Body Image and Personality*, Princeton, New York, Van Nostrand, 1958。

② 关于表现在广告中的这种保护者的庇护关系，参见 E. Goffman, «La ritualisation de la féminité», *Actes de la recherche en sciences sociales*, 14, 1977, p. 34 – 50。

象征性依赖状态：她们首先通过他人并为了他人而存在，也就是说作为殷勤的、诱人的、可用的客体而存在。人们期待她们是富有“女人味儿的”，也就是说微笑的、亲切的、殷勤的、服从的、谨慎的、克制的，甚至是平凡的。而所谓的“女性特征”通常不过是一种迎合男人真实或假想期待的形式，特别是在增强自我方面。所以，对别人（不仅仅是对男人）的依赖关系渐渐变成她们存在的组成部分。

这种他律性是某些性倾向的根源，这些倾向包括故意卖弄风情、试图取悦于人或对爱情抱有过多期望，如萨特
所说，只有爱情才能让人在自身存在并首先在身体存在最 95
无关紧要的特点中，感到自己得到了证明。① 由于不断处于男性目光注视之下，她们被迫经常体验她们被缚其中的真实身体与她们不懈努力试图接近的理想身体之间的差别。②

---

① 如果说女人特别倾向于所谓浪漫的或空想的爱情，这在某种程度上无疑是因为她们从中获益颇大：这种爱情除了促使她们摆脱男性统治之外，无论在最普遍的形式上还是在最异乎寻常的形式上，都为她们提供了一条往往是唯一的社会上升的道路。而最普遍的形式包括婚姻，在男性社会中，她们借助婚姻从低处向高处攀升。

② 耗费许多时间、金钱和精力（依照阶层的不同而不同）的美容在美容外科学中达到顶点，美容外科学在美国变成一种庞大的产业（每年有150万人求助于它的服务，参见 S. Bordo，*Unbearable Weight，Feminism，Western Culture and the Body* ，Berkeley，University of California Press，1993，p. 25）。

因为她们需要别人的目光来构造自身，所以她们在实践中不断为对某种价值所做的预先评价所左右，她们的外表、行为方式和展示身体的方式会得到这种评价（由此而来的是一种以身体的拘束或害羞的形式表现出来，多少以自我诋毁和归并社会评价为特征的倾向）。

> 小资产阶级由于其在社会空间中的位置，尤其对社会目光感到焦虑，而在小资产阶级中，女性达到其象征异化的极端形式（这就是说，社会位置的作用在某些情况下，比如在这里，可以加强性别的作用，在另外一些情况下，也可以减弱这种作用，但似乎从未消除）。但按照对立推理，大量从事一种体育运动决定了女人关于身体的主客观经验的一种深刻变化：身体
> 96 不再为了别人而存在，或同样地，不再为了镜子（这种工具不仅让人看到自己，还试图看到自己如何被别人看，并提供想让人看到的东西）而存在，不再只是一个为了让人观看而生的物，或为了让这物准备被人观看而需要观看的物，而是从为他人的身体变成为自己的身体，从消极的和被动的身体变成积极的和主动的身体；可在男人眼中，这些女人打破了可供他们随意使用的默许关系，在某种程度上重新获得了她们的

身体形象，同时，她们的身体似乎不再像“女人的”，而是像女同性恋者的那样——头脑独立性的确认也在身体的表现中显示出来，产生了完全类似的作用。[①] 更普遍地来看，拥有权力，无论什么权力，都将女人置于双重束缚的境地：如果女人像男人一样行事，她们就有丧失“女性”必备特征的危险，而且她们对男人占据权位的天然权利提出了质疑；如果她们像女人一样行事，她们似乎无法胜任和应付局面。这些自相矛盾的期待只不过接替了她们在结构上承受的期待，她们作为在象征财产市场上被提供的物品，被要求竭尽全力地变得既可人、诱人，又被责令拒绝某些引诱手段，因为这种对男性目光的判断的先决服从可能会招来这些引诱手段。这种封闭与开放、克制与诱惑的矛盾组合，越服从于可能犯下无意识的或成心的理解错误的男人的评价，就越难实现。因此，正如一位女研究者所发现的那样，在性方面的玩笑面前，女人通常只能选择退出或参与，而哪怕是被动参与，以求与别人融洽，一旦她们成了性别歧视或性骚扰的受害者，

① 参见 C. A. MacKinnon，*op. cit.*，p. 121*sq*。

她们就很可能无法抗议。

97 桑德拉·李·巴特基（Sandra Lee Bartky）提出了一种对女性身体经验最模棱两可的描述，在我看来，她的错误在于，把反复向女人灌输“她们对身体感到最深刻的焦虑”和“她们深切地感到身体的不合格”这类行为归结为“时尚-美丽情结”（fashion beauty complex）的唯一作用，尽管这种作用无疑是非常重要的。[①] 如果这些机制的作用是无法否认的，那么这也仅仅意味着一种基本关系作用的加强，这种基本关系将女人置于被感知的存在的位置上，这种被感知的存在被迫通过统治的范畴也就是说男性的范畴看待自身。为了理解女性欲望的“受虐狂方面”，也就是这种“社会统治关系的色情化”[②]，应该假设女人要求男人（及其次的“时尚-美丽情结”机制）为她们找借口，以减弱“她们对身体缺陷的感觉”。如桑德拉·李·巴特基所说，“社会统治关系的色情化”导致这一点，即“对许多女人来说，男人拥有一种统治地位是很刺激的”[③]。但是我们可以

---

① S. Lee Bartky, *Feminity and Domination, Studies in the Phenomenology of Oppression*, New York-Londres, Routledge, 1990, p. 41.

② 同上书，p. 51。

③ 同上书，p. 51，同时参见 p. 47。

设想，施展权威，特别是对其他男人施展权威的强者目光，尤其适宜完成这种再保险的功能。[①]

关于男性观念的女性观念

98

结构将其局限性强加于统治关系的两端，因而也就强加给统治者本人。统治者从这种统治关系中获益，与此同时，按照马克思的说法，他们为他们的统治所统治。这是因为，正如与大小对立相关的所有活动已经充分表明的那样，统治者不可避免地将无意识的模式用于他们自身，也就是说用于他们的身体以及他们所成为的和所做的一切。在他们的状况中，无意识的模式导致了相当多的要求——正如不愿意丈夫比自己个子矮的女人预感和默认的。此外还应该在统治的矛盾性中分析统治的男性经验，这就要求助于弗吉尼亚·伍尔夫，但这里所指的，与其说是那些被不厌其烦地列举的女性主义经典之作《自己的房间》《三个基尼》的作者，不如说是写《到灯塔去》的小说家，后者

① 统治者尤其有权将他关于自身的观点作为客观和共同的东西强加于人（其极限是由骑马雕像或威严的肖像画体现出来的），并让别人无论在爱情上还是在信仰上都放弃自己总体的客观化权力。由此，他把自己变成了绝对的主体，没有外在，完全有理由像他存在那样存在。

无疑由于写作活动所促成的回想[①]，提出了对性别之间关系的一种暗示，这种暗示摆脱了所有关于性别、金钱和权力的陈词滥调，而她的更加理论化的著作却仍旧在传播这些陈词滥调。总之，在这种叙述的背景中，我们可以发现一
99 种对本身就非常明澈的女性目光的无比明澈的暗示，这种目光对准存在于无可辩驳的无意识中的令人绝望且相当悲怆的努力，任何男人为了与童年时期的男性观念相符，都得付出这种努力。

弗吉尼亚·伍尔夫在小说开篇所展示的，正是这种令人不安和宽宏大量的明澈。事实上，大部分读者，尤其是男性读者，与担心没人听她丈夫讲话的拉姆齐夫人不同，很可能在刚开始阅读的时候，不理解甚或看不到拉姆齐先生所处的奇怪甚至有点可笑的处境："忽然间一声大叫，好像出自一个半睡半醒的梦游者之口，'冒着枪林弹雨'或者诸如此类的诗句，在她耳际强烈地震响，使她提心吊胆地

① 弗吉尼亚·伍尔夫意识到了某种悖论，这种悖论只令那些对文学、对她自己的真实道路具有一种简单化观念的人感到惊异："我更喜欢在真实性重要的地方书写虚构。"（V. Woolf, *The Pargiters*, New York, Harcourt, Brace, Jovanovich, 1977, p. 9.）抑或："虚构在这里可能比事实包含更多的真实。"（V. Woolf, *A Room of One's Own*, Londres, Leonard and Virginia Woolf, 1935, p. 7.）

转过身来环顾四周，看看是不是有人听到了他的喊声。”① 也可能，他们又往下读了几页，当拉姆齐先生被其他人如莉丽·布里斯库和她的朋友撞见时，他们仍不大理解。他们只能通过不同人物可能对此所持的不同观念，逐渐理解拉姆齐先生的举动和他妻子对他的担心：“他养成了讲话或诵诗的习惯，她很担心这一点。令人尴尬的情形由此出现了。”②从小说的第一页开始，作为一个了不起的、慈父般的男性人物出现的这同一个拉姆齐先生，被当成稚气的现行犯捉住了。

人物的整个逻辑处于这种表面上的冲突之中。拉姆齐先生，俨然《印欧制度词典》的作者邦弗尼斯特（Ben- 100
veniste）提到的古代国王，他的言语就是判断；他用一句话就能让他一心想着第二天到灯塔去的六岁儿子詹姆斯的“异乎寻常的欢乐”烟消云散（“但是，”他的父亲一边说一边在客厅的窗前停下脚步，“天气不会好起来的”）。他的那些预测，本身具有从词语的本义来讲证实自身，也就是变

① V. Woolf, *La Promenade au phare*, *op. cit.*, p. 24. 尽管人们只能在阅读过程中逐渐发现和理解这部小说，但是应该知道，拉姆齐先生，一个被学生和同事簇拥的教授，在高声朗诵丁尼生的那首题为《轻骑兵队的冲锋》的名诗时，被人弄得不知所措。

② 同上书，p. 87。

成现实的权力：它们要么像命令、祝福或诅咒一样起作用，魔术般地招来它们说出的东西；要么通过一种极其令人生畏的作用，仅仅说明体现在某些迹象中的东西，这些迹象容易受到几乎神圣的幻想者的唯一预见的影响。这个幻想者能够赋予世界理性，将自然的或社会的法则转化为理性的和经验的法则，转化为对科学和智慧的既理性又合理的陈述，从而增加这些法则的力量。父亲预言的绝对性，作为科学的预测，将未来打发到过去；作为智慧的预卜，给这种仍旧不真实的未来带来经验的和经验所包含的绝对保守主义的必然后果。

导致法则躯体化的精神与身体作用，主要是借助在家庭内部拥有垄断的合法的象征暴力（而不仅仅是性权力）的人来实施的。父亲的话有一种任命和创造性指定的神奇作用，因为这些话直接指向身体，正如弗洛伊德所强调的那样，身体严格地采取隐喻；如果说“天职”看起来通常令人惊讶地与事实上可达到的社会地位相符（按性别，也按出生的等级和其他各种可变因素而定），那么这无疑主要
101 取决于这个事实，即大大促进了这些“天职”形成的父权话语和判断，即使它们看起来只是出于随心所欲，但仍旧出自一个人物，这个人物本身是被对必要性的审查且为了

对必要性的审查而造就的，他被迫因此以事实的原则作为快乐的原则。

作为对事物秩序的无条件赞同，父亲的不容置辩与母亲的理解互相对立，后者以一种对必要性的怀疑，和对建立在一种纯粹的信仰行为基础上的偶然性的确认——“但天气会好起来的，我相信天气会好起来的”① ——来反对父亲的判断，并对欲望和快乐的法则给予一种明显的赞同，但这种赞同同时也是对现实原则的一种有条件的双重妥协：“‘是的，当然，如果明天天气好的话。’拉姆齐夫人说。‘但你们必须一大早就起床。’她补充道。”父亲的“不”不需要说明，也不需要证明：对于一个通情达理的人来说（“要懂道理”，“以后你会明白的”），除了无言地屈从于事物的强大力量之外，别无选择。只有在这种情况下，即父亲的话语处于预防式的预言逻辑中，这种逻辑预告可怕的未来，只是为了消除未来不利的影响（“你好不了”，“你会破坏我们大家的名誉”，“你永远拿不到中学毕业文凭”，等等），而且这种逻辑通过事实的证明，提供了一种回想式胜利的机会（“我早就对你说过”），即对没被指出错误的失望

① V. Woolf, *La Promenade au phare*, *op. cit.*, p.11（着重号为作者所加）。

所引起的痛苦的幻灭式补偿（“我本想你会让我说谎”），父亲的话语才在其毫无怜悯的关怀中显得如此可畏。

正是这种令人扫兴的、作为世界秩序同谋的现实主义，激起了对父亲的仇恨，如同在少年时期的反抗中，这种仇恨与其说针对父亲的话语自以为揭露的必然性，不如说针对万能的父亲对这种必然性的随意赞同，这种赞同由此证
102 明了他的软弱：同谋式的顺从的软弱，不加反抗地服从；殷勤的软弱，从让别人的幻想破灭，也就是说从让别人分担自己的失望、顺从、失败的残酷快乐中得到满足和虚荣。“要是手头有一把斧头、一根拨火棍，或其他任何一种可以捅穿他父亲心窝并让他一下子丧命的武器，詹姆斯就会抓到手里。拉姆齐先生一出现，就在他的孩子心中激起如此极端的情绪，他站在他们面前，以他的方式出现，像刀子一样瘦削，像刀刃一样单薄，嘴边浮现出讥讽的笑意；这笑意不仅来自让儿子失望和嘲讽妻子的乐趣，而且来自他对自己的判断正确的自鸣得意，尽管他的妻子（在詹姆斯眼中）在各个方面都比他强一万倍。”① 也许，儿童和少年时期最根本的反抗与其说是针对父亲，不如说是针对他对

① V. Woolf，*La Promenade au phare*，*op. cit.*，p. 10（着重号为作者所加）。

父亲自发的顺从，针对他要服从和屈从其道理的第一个活动。

在这一点上，多亏了间接自由的风格用法所许可的犹豫不决，读者才从孩子对父亲的看法不知不觉地过渡到父亲对自己的看法。实际上，父亲的看法没有任何个人色彩，因为作为主导的和合理的看法，它不过是父亲对自己的过高评价，他有权利和义务把自己培养成那个想要在他的存在中实现社会世界为他规定的应在——他必须成为的男人和父亲的典范——的人："他所说的是事实，一向是事实，他无法不讲真话。他从不歪曲事实，从不把一句刺耳的话说得委婉一点，以敷衍讨好任何人，更不用说他的孩子们。103
他们是他的亲骨肉，必须从小就认识到生活是艰辛的，事实是不会妥协的，到那传说中的世界去意味着一种考验，首先需要勇气、真诚和毅力，因为在那里，我们最光辉的希望也会破灭，我们脆弱的孤舟会被黑暗吞噬（说到这里，拉姆齐先生挺直他的脊背，眯起他蓝色的小眼睛，**凝视着地平线**）。"[①]

从这个视角来看，拉姆齐先生非理性的冷酷不再是像

① V. Woolf, *La Promenade au phare*, *op. cit.*, p. 10 - 11（着重号为作者所加）。

让人失望的快乐那么自私的一种冲动了；它是一种选择的自由表现，这种选择是正确的选择和不言而喻的父爱的选择，它拒绝陷入一种女性的、盲目母爱的、宽容的、有罪的随和，而必须借助这个世界的必要性中最无情的东西来表达这种必要性。这无疑就是刀子或刀刃的隐喻所代表的意义，天真的弗洛伊德式的阐释弱化了这个意义，这个意义在卡比尔人那里，将男性角色——戏剧语言和隐喻至少有一次产生了说服力——置于中断、暴力、谋杀一边，也就是说置于一种被构造的文化秩序一边，以反对与母亲天性的先天融合，反对随心所欲和放任自流，反对女性天性的冲动和刺激。我们开始揣测，刽子手也是受害者，而父亲的话语由于其力量强大，有把可能性转化为宿命的危险。

当我们发现这个坚定不屈的父亲刚以一句不可挽回的话击碎儿子的梦想，就被莉丽·布里斯库和她的朋友撞见他自己正像孩子一样玩，这种感觉就更加强烈了，他向“闯入一个私人领地”的他们显示了“他没想过要向他们展
104 示的某种东西”①：以隐喻的形式表现在打仗游戏中的学术

① V. Woolf，*La Promenade au phare*，*op. cit.*，p. 27.

欲望（libido academica）的幻觉。但是，应该逐一说明丁尼生的诗在拉姆齐先生身上引起的绵长梦想，在这些梦想中，对战争冒险的追忆——在死亡谷的冲锋、失败的战斗和将领的英雄主义（“但是他不愿躺着死去；他要寻找一个悬崖峭壁，在那儿站着死去，眼睛凝望着暴风雪……”）——与对哲学家死后命运的焦虑思索密不可分（“一代人中只有一个人能达到Z”，“他永远都达不到R”）：“他问自己：‘十亿人当中，最终有几个人能达到Z?’当然，一支令人生畏的探险队的队长也许会自问，并且在那些追随者不背叛他的情况下回答：‘或许只有一个。’一代人中只有一个。如果他不是那个人，他应该受到责备吗？只要他真诚地付出了努力，毫无保留地竭尽所能？但是他的名声又能维持多久？一个英雄可以在临死之际思考人们在他死后将如何谈论他。这名声或许能维持两千年……怎么能责备那支令人生畏的探险队的队长呢？他毕竟已经攀登到一定的高度，看到了岁月的虚妄和星辰的死亡，在死神让他变得僵硬和无法活动之前，他带着些许庄重的神情，把他冻得麻木的手指举到前额，挺起胸膛。因此，在救援队找到他的时候，就会发现他以一个优秀士兵的身份殉职。拉姆齐先生挺起胸膛，巍然屹立在石瓮旁边。谁会责备他呢，倘若他这样伫立片

105 刻，让他的思绪停留在名声、救援队和充满感激的追随者在他的骸骨上建造的石头金字塔上？最终谁会责备那不幸的探险队队长，如果……”①

弗吉尼亚·伍尔夫所熟悉的迭化技巧在这里创造了奇迹。战争冒险和使这种冒险神圣化的名声，是一种对智力冒险及其所追求的名声的象征资本的隐喻，因而游戏幻象允许人们在一个更加非现实化的程度上，以更低的花费，再生产日常存在的学术幻象及其至关重要的赌注和狂热的投资——一切激发拉姆齐先生和他的弟子们讨论的东西：游戏幻象准许部分地、有限地减少投资的活动，这种活动对于承受和克服幻灭是必要的（“他没有才能，他也没有任何野心”②），与此同时，游戏幻象保住了基本的幻象、在游戏中的投资、对于游戏无论如何值得按照规则玩到底的信心（无论如何，最后一个士兵至少可以是“站着死去”的……）。这种发自内心的投入的表现基本上是姿态式的，通过其全部意义指向笔直、挺直和挺身或其象征替代物如

---

① V. Woolf, *La Promenade au phare*, *op. cit.*, p. 45 - 46（着重号为作者所加）。应该再次引入学术欲望这种说法，这种说法以文学中性化的名义表现出来，以对大学场的分析为基础，这种分析类似于《学术人》（*Homo academicus*）中呈现的分析（P. Bourdieu, Paris, Editions de Minuit, 1984）。

② 同上书，p. 44。

石头金字塔、雕像的身体姿态、姿势或动作实现。

组成男性特征的原始幻象无疑是它在不同场中以所有特定形式出现的统治欲望（libido dominandi）的基础。[①] 这种幻象是使得男人（与女人相反）被社会构成和培养的东 106
西，这样，他们就会像孩子一样，听任一切游戏的摆布，这些游戏是社会分配给他们的，其典型形式就是战争。拉姆齐先生在一种半梦半醒的状态中被人撞见，这种状态表现了他投入最深的幼稚的虚荣心。他忽然发现，他像其他男人一样所投身的游戏，是儿童游戏——而实际上他们却看不到这些游戏中的真理，恰恰是因为同谋赋予他们公认的明显事实以必要性和现实性。在组成社会存在的游戏中，那些所谓严肃的游戏被留给男人，而女人则注定要当孩子并稚气未消（“她没有回答，表现出一个轻率和盲目的人的态度，低下了头……没什么可说的”[②]），这个事实使人忘记男人也是一个扮演男人的孩子。总体的异化是特定的权威之根源：这是因为男人被迫认同以某种统治形式为赌注的社会游戏，他们很早就被制度的常规指定为统治者，而

① 关于这一点，参见 P. Bourdieu，*Méditations pascaliennes*，Paris，Éditions du Seuil，1997，p. 199*sq*。

② V. Woolf，*La Promenade au phare*，*op. cit.*，p. 41.

且以这种名义具备了统治欲望，为了统治的需要，他们有不计后果地投身到游戏之中的特权。

女人这一方则有全然否定的特权，不受争夺特权的游戏的欺骗，而且她们大部分时间都不卷入其中，至少不直接地、亲身地卷入其中。她们甚至能在这类游戏中看到虚荣心，而且，只要她们不直接地参与其中，她们就能以一种好笑的宽容看待“男人-孩子”为了成为男人所付出的艰苦努力和他的失败将他抛入的幼稚的绝望。她们能对最严肃的活动采取从河岸上观看暴风雨似的旁观者的疏离视
107 角——这会使她们令人觉得肤浅，无法对政治一类的严肃事情感兴趣。但这种距离是统治的一种作用，她们几乎总是被迫参与进来，而且与游戏者达成情感上的团结一致，虽然这种团结一致并不意味着一种对游戏的真正智力和感情的参与，并且常常使她们成为无条件的，但对游戏和赌注的现实不大知情的支持者。①

因此，当拉姆齐先生高声朗诵《轻骑兵队的冲锋》时，

① 这一点在平民阶层的青年妇女分享“她们的男人”爱好体育运动的热情中表现得尤为明显，这种分享由于其暂时的和情感的特征，在男人看来，显得肤浅甚至荒谬，甚至与对立态度没有两样。婚后这种对立态度更加常见，这种态度也就是她们对别人热爱她们不理解的事物而生出的嫉妒的敌意。

拉姆齐夫人立刻理解了她丈夫的尴尬处境。与其说她担心他被人撞见成为笑柄会给他带来痛苦，不如说她担心作为他奇怪举止的根源的痛苦。他的举动将会说明这一点：那位严肃的父亲刚从“让他儿子失望并嘲弄他妻子”[①] 中得到（补偿性）趣味的满足，就受到了伤害，沦落到大孩子的现实境地。他为了一种产生于幻象和幻灭的痛苦而请求安慰：“她抚摸着詹姆斯的头；她将自己对丈夫的情感转移到儿子身上。”[②] 通过实践的逻辑所允许的一种简洁，拉姆齐夫人用她的整个社会存在要求她做和培养她做的一个充满感情的保护动作[③]，对小男孩与成年人一视同仁，小男孩刚刚发 108
现事实的无法忍受的否定性，成年人同意把表面上过度的慌乱的真相和盘托出，他的“灾难”把他抛到这种慌乱中。拉姆齐先生明确地提出他关于到灯塔去的意见，请求拉姆齐夫人原谅他反驳她时的粗暴语气（他“不无羞怯地逗弄他儿子裸露的双腿”；他“非常谦卑地”提议问问海岸哨兵的意见），他非常明显地暴露出这种粗暴的拒绝与可笑的场

---

① V. Woolf, *La Promenade au phare*, *op. cit.*, p. 47.

② 同上书，p. 40。

③ 拉姆齐夫人的保护者功能曾数次被提出，尤其是通过母鸡为保护小鸡而拍动翅膀的隐喻（同上书，p. 29，30，31）：“她把所有不属于她的性别的人置于她的保护之下，她这样做是出于她也意识不到的理由。”（p. 12，着重号为作者所加，又及 p. 48。）

面、与幻象和幻灭的游戏之间保持着一种关系。[①] 拉姆齐夫人小心谨慎地掩盖她的洞察力，无疑是为了维护她丈夫的尊严。即便如此，她完全清楚，毫无怜悯地发表意见的人是一个可怜的人，他本身也是不可避免的真实判断的受害者，他需要怜悯；后来我们发现，她完全清楚她丈夫随时都有可能被碰到的敏感点："'啊，您认为这类小说能流行多久？'有人提出这样的问题。好像有一双触角从她身上颤动着向外伸展出去，抓住了某些句子，强迫她对它们加以注意，这句话就是其中之一，她觉察到危险来自她的丈夫。这样的一个问题几乎肯定会引起某种使他想到自己前途渺茫的看法。他立刻就会想到，他的著作还能流行多久。"[②]但也许她因此而抵挡不住一种
109 最后的策略，不幸的男人的策略：这个男人扮作孩子，肯定会唤起与母性的同情相关的配置，这些配置按照惯例是分配给女人的。[③]

应该在这里举出拉姆齐夫人以含蓄的语言进行的

---

① V. Woolf, *La Promenade au phare*, *op. cit.*, p. 42.

② 同上书，p. 126 - 127。

③ 通常可以看到，女人具有一种调节男人情感生活的净化和几近治疗的功能，平息他们的愤怒，帮助他们接受生活的不平或困难（参见 N. M. Henley, *op. cit.*, p. 85)。

不同寻常的对话，她在这种对话中一向谨慎地对待她的丈夫，首先她接受家庭场景的表面赌注，而不是从拉姆齐先生的愤怒与其公开原因之间的差异中找理由。两个谈话者表面上微不足道的每一句话，都牵涉了更庞大、更基本的赌注，两个对手——拍档中的每一个都知道这一点。因为他们对交谈者有着深刻的、近乎全面的认识，交谈者几乎不用什么恶意的串通，就使得对方与自己在无足轻重的事情上，在一切方面都引起最终的冲突。这种事无巨细的逻辑促使交谈者随时随地自由选择最彻底的不理解或彻底的理解，前者将对手的话语引向表面的对象（这里指明天的天气状况），并把这种话语归于荒谬；后者通过言外之意进行争论并寻求和解的默认条件。“‘明天完全不可能到灯塔去。’拉姆齐先生生硬地说。他变得暴躁起来。他怎么知道？她自问。风向是经常变的。这种意见的极端非理性特征，这种妇道之见的荒谬，使他勃然大怒。他刚才跃入死亡栖息的山谷，他曾被化为齑粉；而现在她却对抗现实，给她的孩子带来明显荒谬的希望，总之就是说谎。他气得在石阶上跺脚。‘真该死！’他 110
说。但是，她说了些什么？不过说明天可能是晴天罢了，这很可能发生。但是，气温下降，风向又朝西，这就不可能。”①

拉姆齐夫人异乎寻常的敏锐得益于她是女人。当她听到男人们对如此微不足道的话题，如立方根或平方根、伏尔泰和斯塔尔夫人、拿破仑的性格或法国农村财产制度进行讨论时，这种敏锐使她“揭下他们当中每一个人身上的遮羞布”②。她对于男性游戏和对自我的强迫性赞颂及对这些游戏要求的自我的社会冲动的强迫性赞颂感到陌生。她很自然地看到，赞同或反对瓦尔特·司各特的貌似最纯洁和最热烈的立场，通常只是把以塔斯莱的方式“一往直前”（又是身体的基本运动之一，接近卡比尔人的“直面”）的欲望当成原则，塔斯莱是男人利己主义的另一个化身：“他总是做同样的事情，直到他升任教授或结婚；那时他就没有必要老是说：‘我，我，我。’因为就是为了这个他才批评可怜的瓦尔特爵士，也许他对简·奥斯汀也是一样：‘我，我，我。’他总是想到自己和别人对他的印象；这一

① V. Woolf, *La Promenade au phare*, *op. cit.*, p. 41（着重号为作者所加）。

② 同上书，p. 125－126。

点，她从他说话的语调、夸张的语气和坐立不安的表现中判断出来。成功对他有好处。”①

事实上，妇女难得摆脱一切依赖性。即使不依赖社会游戏，至少也会依赖玩游戏的男人，以便把幻灭推至这种同情的境地，而对男人的幻象而言，同情有点恩赐的意味。 111
相反，她们的全部教育都帮助她们做好准备间接地进入游戏，也就是说处于既是外在的，又是从属的地位，并像拉姆齐夫人一样，为男人的忧虑提供一种同时也产生一种具有极大安全感的温柔的关怀和充满信任的理解。② 人们将她们从权力游戏中排除出去之后，安排她们通过加入游戏的男人参与进来，无论这些男人涉及她们的丈夫，还是像拉姆齐夫人一样，涉及她们的儿子：“他的母亲，看着他灵巧地剪下那幅冰箱图片，想象着他穿着法官的红袍，披着绶带，坐在审判席上，或者在国家管理的一个关键时刻，领导着某种严肃的事业。”③

这些情感配置的原则存在于女人在统治的劳动分工中被赋予的地位。“女人，”康德说，“作为个人无法维护她们

---

① V. Woolf, *La Promenade au phare*, *op. cit.*, p. 126.

② 许多调查表明，女人倾向于用她们丈夫的成功来衡量她们自己的成功。

③ V. Woolf, *La Promenade au phare*, *op. cit.*, p. 10.

的公民权利和事务，如同她们没有打仗的权利一样；她们只能通过一个代表来实施。”① 康德把放弃归咎于女人的天性，这种放弃被纳入组成习性的配置的最深层。习性作为
112 第二天性，只有在通过社会形成的欲望以一种特殊形式实现时，才能表现出那么多自然的表象，这种特殊形式的欲望就是一般意义上的欲求。区分的社会化使男人喜欢权力游戏，使女人爱慕玩权力游戏的男人，在某种程度上，男人的神赐能力是权力的魅力，即对权力的拥有本身对身体的诱惑，身体的冲动和欲望甚至也从政治方面被社会化了。② 男性统治在无知中找到了最好的支持之一，从统治关系中产生的思维范畴在统治者身上的应用促进了这种无知，

① 可以看到，奥托·魏宁格尔（Otto Weininger）继承康德哲学的衣钵并没有全错，康德在责备女人轻而易举地放弃自己的姓氏而采用丈夫的姓氏之后，得出结论说："女人从本质上来说没有姓氏，这是因为她天生缺乏个性。"在接下去的篇章中，康德借助一种社会无意识的联想，从女人转向"大众"（传统上被视为女性），从被纳入委托必要性之中的放弃，转向致使民众为了"祖国父亲"的利益而放弃的"驯顺"（E. Kant，*Anthropologie du point de vue pragmatique*，trad. M. Foucault，Paris，Vrin，1964，p. 77）。

② 这里要反对一种倾向，即把官僚空间中的一切性交换，尤其是老板与秘书之间的性交换（参见 R. Pringle，*Secretaries Talk：Sexuality，Power and Work*，Londres-New York，Allen and Unwin，1988，尤见 p. 84－103）纳入一种取舍，要么是"性骚扰"（无疑为最"激进的"揭露所低估），要么是对被当成攫取权力的工具的女性魅力之厚颜无耻和工具化的使用（参见 J. Pinto，«Une relation enchantée：la secrétaire et son patron»，*Actes de la recherche en sciences sociales*，84，1990，p. 32－48）。

它可能导致这种命定之爱的极端形式；命定之爱即对统治者及其统治的爱，也即对统治者的欲望，这种欲望意味着对亲身实现统治欲望的放弃。

第三章
持久与变化

113 必须有弗吉尼亚·伍尔夫的所有敏锐及其作品的无限细腻，才能将分析扩展到一种统治形式最隐秘的作用。这种统治形式被纳入整个社会秩序之中，并在身体中默默地发挥作用，身体既是统治有效性的赌注又是其原则。或许还需要求助于《一间自己的房间》的作者的权威，为重申性别统治关系的隐秘恒量带来几分可信——那些除了简单的盲目之外倾向于无视这些恒量（如喜欢强调其斗争所实现的进展的女权主义运动的合理自负）的因素非常强大。

实际上，这是一个惊人的证明，即性别结构异乎寻常地独立于经济结构，再生产方式异乎寻常地独立于生产方式：撇开时代与经济和社会的差别，同样的分类体系主要存在于人类学可能性空间的两个极端，即卡比利亚的山民和布鲁姆斯伯里（Bloomsbury）的英国大资产阶级；几乎总是出身于精神分析的研究者们，在今天的男人和女人的心理经验中，发现了大部分被深深埋藏的过程。这些过程，如将男孩与母亲分开的必要作用、生产及再生产中任务和时间的性别区分的象征作用，在日常实践中展示得一清二 114
楚。这些日常实践在公共场合由人们共同完成，被纳入一个自始至终按照男性优先的原则构成的社会象征系统。在一个世界中，极具男性特征的配置，在——按照男性的劳动时间与女性的生产时间之间的对立来安排的[①]——农业活动的结构中，也在彻底实现的一种象征财产经济的逻辑中，找到了最有利于它实现的条件。如何解释这个世界中无缓和也无妥协的男性中心观念能够经历深刻的变化却依旧存在？这些变化影响了生产活动和劳动分工，将象征财产经济抛到被利益与算计的冰冷海水包围的零星的小岛上。如何看到这种表面上的持久大大有利于将一种自然本质的外形赋予一种历史构造，同时不会招致把这种历史构造纳入

① 马克思提出了劳动周期（也就是说，对于农业活动而言是属于男人的耕种收获）与生产周期（发芽等）之间的区分，在生产周期中，种子经历了一个纯粹自然的变化过程，这个过程相当于怀孕期间在母腹中完成的过程。这种区分在生殖周期中找到了等同物，建立了男人扮演活跃的、决定性的角色的生育时间与怀孕时间的对立（参见 P. Bourdieu，*Le Sens pratique*，*op. cit.*，p. 360 – 362）。

一种自然的永恒中来认可它之风险？

非历史化的历史作用

事实上，很明显，历史中的永恒只能是一种永恒化历
115 史作用的产物。这就意味着，要彻底摆脱本质主义，并不是要否定不容置辩地构成历史现实的不变性和恒量[①]，而是应该重建非历史化的历史作用的历史，或者也可以说，重建男性统治的主客观结构连续不断地（再）创造的历史。自从有男人和女人以来，男性统治就固定不变了，男性秩序通过男性统治世世代代持续再生产。换句话说，一部“女性的历史”不由自主地产生了巨大的稳定性和持久性，如果这部历史要始终不渝地存在下去，无疑首先应该为有助于永久保持这些永久性的行动者和制度的历史留一个位置，而且是首要位置，这些行动者和制度包括教会、国家、学校等，它们在不同时代，从其相对影响和功能来看，可能是不同的。这部历史不能满足于记录比如女人被排斥出某个职位、某个等级、某个学科；它应该也要考虑到和意

① 要说明情况的确如此，只需仔细阅读五卷本的《妇女史》（*L'Histoire des femmes*），Georges Duby et Michèle Perrot 主编（Paris，Plon，1991，1992）。

识到（职业、学科等）等级和这些等级所支持的等级配置的再生产，等级配置致使女人协助别人将她们自己从她们无论如何都要被排斥出去的地方排斥出去。[①]

历史研究不能仅限于描写妇女处境在时间进程中的变化，也不能仅限于描写不同时代的性别关系，而应该致力于确定每个阶段的行动者和制度系统的状况，这些行动者和机制包括家庭、教会、国家、学校等，它们在不同时期的影响力和手段各不相同，但都促使男性统治关系或多或 116
少脱离历史。一部性别关系史的真正目标是结构机制（比如确保劳动的性别分工的再生产机制）和策略的连续组合（在中世纪、18世纪、贝当治下的20世纪40年代初和戴高乐治下的1945年之后，都是不同的）的历史。策略通过制度和单个行动者，在很长一段历史时期内，有时以真正的或表面的变化为代价，使得性别之间的统治关系结构永久存在下去：妇女的从属可能表现为从事劳动，如同在前工业社会的大部分时期那样；或反之，可以表现为脱离劳动，这就是工业革命之后的状况，由于劳动和家庭分离，资产阶级妇女的经济力量下降，维多利亚时代的假正经，注定

---

① 从最初从事研究开始，我就致力于这项巨大任务的一小部分，试图指出学校教育系统如何促进社会等级乃至性别之间的差别的再生产。

使她们崇尚贞洁和家庭艺术，如水彩画或钢琴，也使她们致力于越来越成为女性专利的宗教修行，至少在具有天主教传统的国家如此。①

总之，通过揭示“性别”关系的超历史恒量，历史不得不以不断生产和再生产超历史恒量的非历史化的历史作用为对象，这种历史作用就是男人和女人不断服从的恒定的分化作用，分化作用使得他们通过将自己男性化或女性化而互相区别。历史尤其应该致力于描写及分
117 析观念和区分原则总是重复的社会（再）建构，观念和区分原则产生了“性别”，以及更广泛地，产生了性行为的不同范畴（特别是异性恋和同性恋），异性恋本身是被社会构造的，并被社会变成一切“正常的”，也就是说消除了“违背自然”之耻辱的性行为的普遍标准。② 至于对

---

① V. L. Bullough，B. Shelton，S. Slavin，*The Subordinated Sex. A History of Attitudes toward Women*，Athens（Ga）et Londres，The University of Georgia Press，1988（2ᵉ éd.）.

② 我们通过乔治·昌西（George Chauncey）的《纽约同性恋者》（*Gay New York*）一书得知，同性恋与异性恋之间产生对立是最近的事情。毋庸置疑，直到第二次世界大战之后，异性恋或同性恋才被规定为排他的选择。那时，将男性伙伴换成女性伙伴的男人很多，所谓“正常”的男人可以与“被鸡奸者”发生性关系，只要他处于这种关系中的“男人”一方。那些“性欲倒错者”，也就是那些对男人怀有欲望、举止和穿衣带有女人气的男人，在同性恋与异性恋的区分变得更加明确之后开始减少了。

妇女处境和两性关系所发生变化的一种真正理解，我们只能自相矛盾地期待，它会从对某些机制和制度的变化的一种分析中得来，因为这些机制和制度负责保证性别秩序的永久性。

再生产活动直到最近一个时代，都是由三个主要机构即家庭、教会和学校完成的。这三个机构在客观上互相协调，共同作用于无意识的结构。再生产男性统治和男性观念的主要角色无疑属于家庭[①]；对劳动的性别划分和对这种划分的合法表象的早期体验是在家庭中被规定的，这种划分由权利保障并被纳入言语之中。教会为具有顽固的反女性主义观念的神职人员所支配，神职人员动辄谴责女人 118
所有有失端庄的行为，尤其是穿衣方面的；他们习惯于再生产对女人和女性特征的一种悲观看法。[②] 教会在（或过去一直）明确地灌输一种被父系制度价值统治的家庭主

① 参见 N. J. Chodorow，*op. cit.*。

② 在促使对女性的悲观看法延续方面，西班牙教会起到了一定作用，妇女被认为应对道德沦丧负责，所以应为赎清世上所有的罪恶而受苦受难。关于这一点，可参见 W. A. Christian，Jr.，*Visionnaires：The Spanish Republic and the Reign of Christ*，Berkeley，University of California Press，1997。这种赎罪的伦理学同样处于维希政府的复兴运动的核心，维希政府用最陈腐的女性表象武装自己并依靠妇女来实施复兴运动。它像西班牙教士一样，在谴责女人道德败坏的同时，利用尤其由妇女组成的小“预言家”团体和她们的奇迹观念（参见 F. Muel-Dreyfus，*Vichy et l'Éternel féminin*，Paris，Éditions du Seuil，1996）。

义道德，尤其是女人天生低等的信条。此外，教会还以更加间接的方式，尤其通过经文[①]、礼拜仪式乃至宗教的空间与（通过礼拜年的结构与农事年的结构之间的呼应体现的）时间的象征性作用于无意识的历史结构。在某些时代，教会可能会依赖一个符合宇宙学模式的伦理对立系统，为家庭即建立在父亲权威基础上的神圣权力王朝之中的等级制度进行辩护，并通过一种真正的“肖像宣传”[②] 规定一种社会世界的观念和妇女在当中应有的地位的观念。

119 最后是学校。尽管学校摆脱了教会的控制，却还在传播（建立在男/女关系和成人/孩子关系之间的同源性基础上的）父系制度表象的先决条件，尤其是被纳入自身等级结构中的先决条件，这些等级结构在不同学校或不同学院之间、学科（“弱”或“强”——或更接近原始神秘直觉的，“枯燥乏味”）之间、专业之间，也就是说在存在方式和看待事物、看待自身的方式之间，在表现才能和倾向的

---

① 参见 J. Maître, *Mystique et Féminité. Essai de psychanalyse sociohistorique*, Paris, Éditions du Cerf, 1997。

② 参见 S. F. Matthews-Grieco, *Ange ou diablesse. La représentation de la femme au* XVI*e siècle*, Paris, Flammarion, 1991, 尤见 p. 387。“交流的手段总是掌握在作为强者的性别手中：男人写书、画画、讲道，而大部分女人则仅仅由于受到的教育不够，被剥夺了文化和书面知识。”（p. 327）

方式之间，总之，在表现一切有助于不仅造就社会命运还要造就自身形象隐秘性的东西的方式之间，全都具有了性别的含义。[1] 事实上，一直到最近一段时期，被学校制度传输的所有艰深文化，无论在哲学或文学还是在医学或法学的变种中，都还在不停地输送陈旧的思想方法和模式（比如使男人成为积极原则、使女人成为消极因素的亚里士多德传统的影响），以及神学家、法学家、医生和伦理学家都随声附和的一种对第二性的官方话语，这种话语力求限制妻子的自主性，尤其是在工作方面的自主性，理由是她们天性“幼稚”、愚蠢，每个时代都从上个时代的“宝库”中汲取财富 120
（比如在16世纪，罗曼语的韵文故事或拉丁语的神学论文[2]）。但是我们将会看到，由于艰深文化是冲突的地点并带

---

① 我们参照托里尔·莫伊（Toril Moi）关于学校教育表象和分类的分析，就可以从男性统治在学校教育制度中采取的特定形式的这种展示中除去它可能有的表面上抽象的因素，萨特就是通过学校教育表象和分类对西蒙娜·波伏娃施加影响的（参见 T. Moi，*Simone de Beauvoir. The Making of an Intellectual Woman*，Cambridge，Blackwell，1994；et P. Bourdieu，«Apologie pour une femme rangée»，préface à T. Moi，*Simone de Beauvoir. Conflits d'une intellectuelle*，Paris，Diderot Éditeur，1995，p. Ⅵ-Ⅹ）。

② 直到19世纪，医学才提供了关于妇女身份的解剖学和生理学证据（尤其在生殖活动方面），参见 P. Perrot，*Le Travail des apparences，ou les transformations du corps féminin，XVIIIe-XIXe siècle*，Paris，Éditions du Seuil，1984。

来了冲突，因而它也是性别之间关系变化的决定性原因之一。

要统计性别分工再生产的制度因素，就应该考虑到国家的作用，国家通过公共父权制（patriarcat public）的规定和禁令来认可和加强私人父权制的规定和禁令，公共父权制被纳入所有负责管理和调节家庭单位的日常生活的机制中。现代国家并未达到家长作风和独裁国家那样的极端，即彻底实现极端保守主义观念（如贝当时期的法国和弗朗哥时期的西班牙），极端保守观念把父系制度的家庭变成作为道德秩序的社会秩序的原则和模式，道德秩序以男人对女人、成人对孩子的优先权，把道德等同于力量、勇气以及对身体（即诱惑和欲望之所）的支配为基础[①]，但现代国家将男性中心观念的所有基本原则都纳入家庭权利，尤其
121 是确定公民身份的规则中。[②] 国家主要的模糊之处绝大部分

---

① 参见 G. Lakoff，*Moral Politics*，*What Conservatives Know that Liberals Don't*，Chicago，The University of Chicago Press，1996。

② 应该详细指出适合不同政体的身体管理政策。威权政体中盛行大阅兵式或大型体操表演，这体现了保守革命的极端男性化哲学。这种哲学的基础是对男性士兵和男性团体的崇拜以及处于紧张状态的英雄苦行精神（参见 G. Mosse，*L'Image de l'homme*：*l'invention de la virilité moderne*，Paris，Abbeville，1997）或维希政府带有家长作风的和倒退的民俗学（参见 F. Muel-Dreyfus，*op. cit.*）。而在民主政体中，尤其通行家庭政治，特别是雷米·勒努瓦（Rémi Lenoir）所说的家庭主义（参见 R. Lenoir，«La famille，une affaire d'État»，*Actes de la recherche en sciences sociales*，113，juin 1996，p. 16－30），同样还包括整个教育活动。

来自这样一个事实：国家在它的结构中，通过财政部门与支出部门之间的对立，它的家长作风的、家庭主义的、保护性的右手与它的指向社会的左手之间的对立，再生产男女之间的典型对立，女人作为负责人以及国家照顾和服务的特殊接受者，与社会的国家沆瀣一气。[1]

展示有助于性别等级再生产的全部机构的做法，应该能够勾勒出对这些机构的稳定和变化的一种历史分析的纲要。唯有这种历史分析能够为既充分理解持久又充分理解可见或不可见的变化提供必不可少的工具，持久常常是惊人的，可以从妇女的处境中看到（而且这意味着不满足于援引男人的抵制、恶意[2]或妇女本身的责任），而历史分析 122
直到最近一段时期才认识到可见的或不可见的变化。

变化的因素

主要的变化无疑是男性统治不再被认为是天经地义的。

① 强调国家作为间接行使权力的工具的功能，就是为了避免这种倾向，即把男人对女人（和孩子）实施权力的家庭变成男性统治的首要地点；强调这种功能的分化，就是摆脱虚假的讨论，这种讨论使某些女权主义者在国家对妇女来说是压迫者还是解放者这个问题上互相对立。

② 这种因素显然丝毫不容忽视，它通过个人活动的集合产生影响，无论在家庭单位内部还是在劳动领域都是如此。它还通过半协商的象征活动，如“新机械化”的象征活动或对“政治正确”的某种批判产生影响。

尤其因为女权主义运动巨大的批判作用，至少在社会空间的某些地区，普遍强化的恶性循环被成功地打破。从此，在许多情况下，男性统治都表现为某种需要维护或证明、需要自我维护或自我证明的东西。对明证性的质疑和妇女处境的深刻变化，尤其与在最受优待的社会等级内的深刻变化相辅相成：比如，接受中等教育和高等教育以及参加雇佣劳动的人增加，随之而来的是，进入公共领域的人增加；同时，远离家务[①]和生殖功能弱化（这与避孕技术的进步和普遍应用以及家庭规模的缩小有关系），尤其是结婚年
123 龄和生育年龄推迟，生孩子期间中断职业活动的时间缩短；还有，离婚率升高了，而结婚率降低了。[②]

在所有变化因素中，最为重要的是在性别差异的再生

---

① 一个不容忽视的变化因素无疑是有助于减轻家务劳动如烹调、洗涤、清洁、购物等（社会地位不同，方式也不同）的技术工具和消费产品的增加（无论在欧洲还是美国，用于家务劳动的时间通常都减少了这个事实证明了这一点），但对孩子的照顾很难减少（分担的成分更多了），尽管托儿所和幼儿园增多了。

② 参见 L. W. Hoffman，«Changes in Family Roles，Socialization，and Sex Differences»，*American Psychologist*，1977，32，p. 644－657。对妇女大量接受中等教育和高等教育尤其在政治场和宗教场及所有相当女性化的职业中可能引起的一系列变化，不可能用几句话说明。我只是通过举例说明一个全新类型的运动，这类运动自视为一系列“协调”［参见 D. Kergoat（éd.），*Les Infirmières et leur coordination*，*1988-1989*，Paris，Lamarre，1992］。

产中，与学校教育制度功能的决定性变化相关的因素，比如女性受教育人数的增加，以及相应地，女性获得经济独立人数的增加，还有家庭结构的变化（显然是离婚率升高的结果）。因此，尽管习性和权利的惯性倾向于撇开真正的家庭变化，长久保持家庭结构的统治模式，与此同时，保持合法的、异性恋的、以生育为目的的统治模式——社会化及传统区分原则的传送就是相对于这个统治模式心照不宣地组织起来的——但是，新型家庭如重组家庭的出现，以及新的性行为模式（特别是同性恋）的公之于众，有助于打破信念并扩展性行为方面的可能性空间。同样，更普遍地来看，劳动妇女人数的增加不可能不影响家务分工及传统的男女模式，而且，这无疑会对在家庭内部获得有性别区分的配置产 124
生影响。因此，可以看到，如果母亲工作，女儿对职业的渴望更强烈，她们对女性处境的传统模式的依赖也更少。[①]

但是，妇女处境的一种最重要的变化和这种变化的一种最关键因素，毫无疑问是女孩接受中等和高等教育人数的增长。这种增长与生产结构的变化（尤其是公共的或私人的大规模行政管理的发展和新的社会管理技术的发展）

① L. W. Hoffman, *art. cit*.

有关，进而引起妇女在劳动分工中一种非常重要的地位变化。因此我们看到，出现在知识行业或管理行业和不同形式的象征销售部门——新闻、电视、电影、电台、公共关系、广告、装饰——的妇女人数猛增；同样，从事接近女性活动传统定义的职业（教育、社会救济、医疗预防活动）的妇女人数也在增加。之后，这些获得文凭的妇女在一般的中间行业寻找她们的主要出路（中等行政管理人员、技师、医学和社会机构成员等），但是，她们实际上被排除出了权威职位和责任职位，在经济、财政和政治领域尤其如此。

> 实际上，处境的显著变化掩盖了相对位置中的永久性：入学机会和人数比例的平等化不应该掩盖在不
> 125 同学科以及可能的前途之间存在的不平等分配。尽管女孩获得学位和进入大学学习的人数比男孩多，但是她们很少进入受到重视的专业中，她们进入理科的比例非常低，而进入文科的比例却在增加。同样，在职业高中，她们仍旧致力于学习传统上被看作“女性的”、几乎不需要技术的专业（公务员、商业职员、秘书、保健），某些专业（机械、电力、电子）实际上是留给男孩的。在名牌理科学校预备班和这些学校内部也永远存在着同样的不平等。在医学院，若专业等级

> 升高，女生的人数则下降，某些专业比如外科，实际上是女生的禁地，而另外一些专业比如儿科、妇科实际上留给了女生。正如我们看到的，结构长久存在于与传统划分同源的对立组合中，如名牌大学与普通大学之间的对立中，或在后者内部法学院和医学院与文学院之间的对立中，或在文学院内部哲学或社会学与心理学和艺术史之间的对立中。我们知道，同样的划分原则依旧在每个学科内部通用，将最高贵、最综合、最有理论性的分配给男人，将最适合分析、最实用、最不受优待的分配给女人。①

同样的逻辑决定了进入不同的职业和在每个职业内部获得不同的地位：在劳动中和在教育中一样，妇女的进步不应该掩盖男人的相应前进，他们的前进使得差距的结构 126
保持下来，如同在有让先条件的赛跑中一样。② 这种在变化之中且借助于变化的永久性的最惊人例子是，女性化的职

① 关于哲学选择中性别之间的差异，参见 Charles Soulié，«Anatomie du goût philosophique»，*Actes de la recherche en sciences sociales*，109，octobre 1995，p. 3－28。

② R. -M. Lagrave，«Une émancipation sous-tutelle. Éducation et travail des femmes au XXe siècle»，*in* G. Duby，M. Perrot（éd.），*Histoire des femmes*，t. 5：*Le XXe siècle*，Paris，Plon，1992.

位要么已经贬值（普通工人主要是妇女或移民），要么正在衰退，由于贬值导致男人稀少，通过一种滚雪球作用，贬值越来越厉害。另外，如果女人真的出现在社会空间的所有层面上，越是靠近最稀罕和最难得的职位，她们获得的机会（以及她们所占的比例）就越低（因此，现实的和潜在的女性化比例无疑是不同职业的相对地位和价值的最佳指数①）。

因此，尽管有过度选择（sursélection）的作用，男女之间形式上的平等还是倾向于掩盖这一点，即如果其他情况都一样的话，妇女总是占据不到非常有利的地位。比如，即使妇女在公共职务中所占比例真的越来越高，留给她们的也总是最低级和最不稳定的位置（当地行政机关中有很
127 多非正式任职者和兼职者，分给她们的是次要的、类似女仆的辅助和照管的位置——女佣、女管理员、幼儿园教师等②）。有一个事实无疑是妇女在劳动市场上所处地位的不

① H. Y. Meynaud，«L'accès au dernier cercle：la participation des femmes aux instances de pouvoir dans les entreprises»，*Revue française des affaires sociales*，42e année，1，janvier-mars 1988，p. 67－87；«Au coeur de l'entreprise EDF，la lente montée des électriciens dans les postes de pouvoir»，*Bulletin d'histoire de l'électricité*，Actes de la journée de la femme et l'électricité，1993.

② 参见 M. Amine，*Les Personnels territoriaux*，Paris，Éditions du CNFPT，1994。

确定性的最佳证明，即如果其他情况都一样的话，她们得到的报酬总是比男人少。她们与男人持有同样的文凭，得到的职位总比男人低，尤其是从比例上来看，她们受失业和工作不稳定的影响最大，且最容易被打发到兼职工作中去——这尤其会使她们几乎必然被排除出权力活动和升迁道路。[①] 尽管她们与社会的国家并在官僚场内与“社会”地位以及最容易受不稳定化政策影响的私人企业有关联，但一切都让人预见，她们将是新自由政治的主要受害者，这种政治力求缩小国家的社会维度并促进劳动市场的“非调节化”。

尽管可供占据的统治位置越来越多，但这些位置基本上处于权力场的被统治地区，也就是说处于象征财产的生产和循环区域（如出版、新闻、传媒、教育等）。按照玛丽亚·128
安东尼亚·加西亚·德·莱昂（María Antonia García de León）的说法，她们是“受歧视的精英”，必须为她们的当选付出不懈的努力，以满足几乎总是强加给她们的额外要

① 参见 M. Maruani，«Féminisation et discrimination. Évolution de l'activité féminine en France»，*L'Orientation scolaire et professionnelle*，1991，20，3，p. 243－256；«Le mi-temps ou la porte»，*Le Monde des débats*，1，octobre 1992，p. 8－9；«Statut social et mode d'emploi»，*Revue française de sociologie*，XXX，1989，p. 31－39；J. Laufer et A. Fouquet，«Effet de plafonnement de carrière des femmes cadres et accès des femmes à la décision dans la sphère économique»，*Rapport du Centre d'études de l'emploi*，97/90，p. 117。

求，并消除她们的身体素养和她们的衣着的一切性别内涵。[①]

要确切地理解男女之间的权力和威望的统计学分布，及这种分布随时间进程的发展，应该同时考虑两个乍看起来可能显得互相矛盾的属性。一方面，无论妇女在社会空间中的地位如何，她们全都通过一种否定性的象征系数与男人分开，这个系数像黑人的皮肤颜色或其他属于任何一个受伤害集团的标志一样，对她们所成为的和她们所做的一切产生负面影响，而且是一系列有系统的同源差别的根源：尽管女总经理与冶金工业的普通女工之间存在着巨大的差别，但她们还是有某种共同的东西。前者为了有能力对抗与对男人——或在男人中间——行使权力相关的紧张，必须每天早晨找人按摩；后者必须在与"女同伴"的团结一致中寻求安慰，以对抗在男性环境中与工作有关的考验，比如性骚扰，或简而言之，劳动条件导致的丑陋和邋遢对她们的形象与自尊的破坏。另一方面，尽管特定的经验使得她们互相接近（比如男性秩序造成的这种统治缩影，即通常意识不到的数不清的伤口），妇女们仍旧由于不同的经济和文化差别彼此隔绝，这些差别尤其影响她们经受和感受
129 男性统治的主观和客观方式，但并未因此消除与女性特征带

① H. Y. Meynaud，*art. cit.*

来的象征资本之贬值相关的一切。

此外，女性处境的变化本身总是遵循男女之间区分的传统模式的逻辑。男人继续统治公共空间和权力场（特别是生产方面的经济场），而女人注定（主要）致力于象征财产的经济逻辑永久存在的私人空间（家庭、生殖场所），或这个空间的延伸形式即社会服务机构（尤其是医疗机构）和教育机构，或象征生产的空间（文学场、艺术场或新闻场等）。

如果说性别区分的老式结构似乎仍旧决定着变化的方向和形式，那么是因为这些结构除了体现在性别化或强或弱的学科、职务和职位中外，还通过女人甚至还有她们周围的人在其选择中使用的三个实践原则起作用。这些原则中的第一个是，适合女人的职能属于家庭职能的延伸部分——教育、护理、服务；第二个原则要求女人不能对男人行使权力，即使其他情况都一样，她仍很有可能看到男人比自己更容易登上权位，而自己则局限于次要的辅助职能；第三个原则赋予男人操纵技术用具和机器的垄断权。①

---

①　在按照女性成员的百分比分类的335项工作中，我们看到占据前列的女性职业是照料孩子（儿童看护、教育），照看病人（护士、营养师），照管家务（勤杂工、佣工），管理人事（秘书、接待员、“官僚的仆役”）（参见B. R. Bergman，*The Economic Emergence of Work*，New York，Basic Books，1986，p. 317*sq*）。

130 当我们向少女们询问她们在学校受教育的经验时，我们一定会对父母、老师（尤其是职业指导顾问）或同学积极或消极的鼓动和禁止的影响力量感到吃惊，这些人动辄心照不宣地或清楚明白地提醒她们传统分工原则分配给她们的命运；因此，她们中的很多人看到，理科老师对女孩的激励和鼓舞不及男孩，父母与老师或职业指导顾问一样，“为她们的利益着想”，让她们离开某些典型的男性职业（“当你爸爸说‘你干不了这一行’时，真让人烦透了”），但他们却鼓励她们的兄弟选择这些职业。但是这些维护秩序的要求，其大部分的有效性得益于以下这个事实，即先前的一系列经验，尤其是通常在体育运动方面被歧视过，促使她们预备接受以预测形式出现的这类建议，并使她们把统治观念内在化：她们“对向男人发号施令感到不自在”，或者简单地说，她们对从事一种典型的男性职业感到不自在。任务的性别分工被纳入显而易见的社会等级的客观性，我们每个人对正常形成的表象则通过自发的统计形成，这种性别分工和统计教导她们，正如一个绝妙的重言式说法（tautologie）所说的那样：“在今天，我们看不到许多妇女做男人的工作”。社会明证性就表现在这类重言式说法中。

总之，女孩们通过对“按照性别”安排的一种社会秩序的体验，以及她们的父母、老师和同学意欲她们遵守秩 131
序的明确要求，加上她们本身具有的从对世界的类似体验中得到的观念原则，就以很难被意识到的认识和评价模式的形式，吸收了占统治地位的观念原则。这些原则致使她们认为如是的社会秩序是正常的甚至是自然的，并使她们在某种程度上让自己的命运提前到来，因为她们对她们不管怎样都会被从中排除出去的学科或职业选择拒不接受，对她们无论如何都命中注定的学科或职业则趋之若鹜。因此，由此而来的习性的稳定性是劳动性别区分结构相对稳定性的最重要的因素之一：由于这些原则基本上是从个体到个体传递的，不在意识和言语的范围内，因而在很大程度上避开了有意识的控制以及转变或修正（正如通常在言与行之间可见的差距所证明的一样，比如，最赞同两性平等的男人，也会像其他男人一样不参加家务劳动）；另外，由于这些原则在客观上是协调的，所以相互证明，相互加强。

此外，我们一方面避免将有组织的对抗策略归因于男人，另一方面可以设想，自行遴选行为的自发逻辑总是倾向于保存社会个体最罕见的属性，首先是他们的性别比例

(sex ratio)。[①] 这种逻辑植根于一种模糊的、充满感情和危
132 险的忧虑中，即担心女性化会对这种稀缺性，进而对一种社会地位的价值，以及在某种程度上对这个地位的占据者的性别身份构成挑战。所以，某些反对妇女从事某种职业的激烈情感反应就可以理解了，倘若我们知道社会地位本身已经性别化，并具有性别化的能力，倘若我们知道男人在避免将他们的职位女性化时，想要保护的是他们作为男人最深刻的自我观念，在类似体力劳动者或职业军人的社会等级状况中尤其如此，因为他们的大部分价值，即使不是全部价值，都归功于他们的男子汉形象，甚至在他们自己的眼中也是如此。[②]

象征财产经济与再生产策略

但是，差别永久化的另一个决定因素是象征财产经济（其中婚姻是核心部分）从其相对自主性中得来的永久性，这种永久性使得男性统治超越经济生产方式的变化在象征财产经济中永久存在；这离不开家庭即象征资本的主要维

① 这一点有时表现得相当“神奇”，比如20世纪60年代法国进行大学低等教授招聘以应付为数众多的学生这一情形就是如此（参见 P. Bourdieu，*Homo academicus*，*op. cit.*，p. 171－205，尤见 p. 182－183）。

② 参见 C. L. Williams，*Gender Differences at Work：Women and Men in Non-traditional Occupations*，Berkeley，University of California Press，1989，et aussi M. Maruani et C. Nicole，*op. cit.*。

护者从教会和法律得到的持久而明确的支持。性欲的合法释放尽管表面上越来越脱离婚姻义务的范围，但仍通过婚姻听命和隶属于家庭财产的传承，婚姻仍旧是财富移转的合法途径之一。正如罗贝尔·A. 尼耶（Robert A. Nye） 133
努力揭示的那样，资产阶级家庭不停地投入再生产策略，尤其是婚姻策略之中，目的是保存或增加它们的象征资本。而且这一点远远胜过旧制度时期的贵族家庭，因为他们对地位的维护严格依靠通过生产继承人并获得权威的姻亲而进行的象征资本的再生产，继承人要有能力将集团的遗产永久保存下来[①]；之所以说在现代法国，男性名誉观点的配置仍继续支配男人的公共活动——从决斗到礼仪乃至体育运动，是因为，如同在卡比利亚社会中一样，这些配置显示和实现了（资产阶级）家庭借助再生产策略永久存在的倾向。象征财产经济的逻辑强制规定了这些再生产策略，而且尤其规定了在家庭经济生产的范围内，维护象征财产经济的特定要求，这些要求与支配经济形式公开的商业世界经济的要求截然不同。

妇女被排除出严肃的事情、公共事务尤其是经济事务的空间，她们长期以来被局限于家庭空间以及与子嗣的生

① R. A. Nye, *op. cit.*, p. 9.

物和社会再生产相关的活动中。这些（尤其是母性的）活动尽管表面上得到认可并且有时照例受到称颂，但只有在她们服从于生产活动的情况下才会这样，唯有生产活动能获得一种真正的经济和社会认可，并相对于子嗣即男人的
134 物质和象征利益来安排。因此，今天在许多地方，女人负担的一大部分家务劳动仍旧以维护家庭的团结一致为目的，她们通过组织一系列的社会活动来维持亲属关系和整个社会资本。社会活动包括日常活动，如整个家庭的聚餐[①]；也包括不同寻常的活动，如用于按照习俗巩固亲属关系与维护社会关系和家庭威望的仪式或节日（生日等）；还包括借助礼物、拜访、信件或明信片和电话进行的交往。[②]

---

① 我们已经看到如拉姆齐夫人组织的晚餐在家庭生活中所起到的重要作用，拉姆齐夫人是“家庭精神”的体现，她的去世导致集体生活和家庭统一性的崩溃。

② 在美国的资产阶级和小资产阶级中，这项维护家庭的社会资本及其团结的活动，几乎完全落在女人身上，她甚至负责维护与其丈夫亲属的关系［参见 M. di Leonardo，«The Female World of Cards and Holidays: Women，Families，and the World of Kinship»，*Signs*，12，Spring 1987，p. 410 - 453；关于这个活动中电话聊天的决定作用，参见：C. S. Fischer，«Gender and the Residential Telephone，1890-1940，Technologies of Sociability»，*Sociological Forum*，3（2），spring 1988，p. 211 - 233］。（我没法不在以下事实中看到一种服从于统治模式的作用，这个事实是，在法国，同在美国一样，几个女理论家能在关于她们的一种评论称为“理论竞赛”的东西中表现出色。她们引起了全部注意和讨论，她们让我们看不到某些杰出的成果，比如那些即使从理论眼光来看也更加丰富的成果，因为这些成果不那么符合对“宏大理论”所持的典型男性观念。）

这种家务劳动基本上是不被察觉或不受好评的（比如人们习惯批评女人话多，尤其在打电话时话多的癖好），而当这种劳动让人非看见不可时，它又被向精神性、道德和感情区域内的转移非现实化了，因为它的非营利和“非功利”特点对这种转移有利。女人的家务劳动与金钱不等值 135
这个事实实际上导致家务劳动被贬低，即使在女人自己的眼中也是如此，仿佛这段没有商业价值的时间不重要，可以不计回报且无限地付出，首先为家庭成员尤其为孩子付出（因此，我们看到，母亲的时间是最容易被打断的），同时也向外界付出，用于教会或慈善机构，或越来越多地用于团体或党派的义务工作。妇女通常局限于没有报酬或很少令人想到劳动等于金钱的活动中，她们比男人更经常地被安排到宗教的尤其是慈善的义务活动中。

在差别不那么大的社会里，她们被当成交换手段来对待，交换手段使得男人可以借助婚姻积累社会资本和象征资本，婚姻是能够建立或多或少广泛和诱人的姻亲关系的真正投资。同样，在今天，她们为家庭的象征资本的生产和再生产带来一种决定性的贡献，而且首先通过一切有助于她们外表的东西——化妆、衣服、举止等——显示家庭集团的象征资本；因此，她们被归入抛头露面、取悦于人

136 的一类。[①] 社会世界作为一个被男性观念统治的象征财产的市场而起作用（随场的不同而程度不同）：当涉及女人时，众所周知，存在就是被感知，而且被男人的眼光或被由男性范畴支配的眼光感知，当人们因为一部女性作品“充满女性特征”，或相反，“丝毫没有女性特征”而赞美它时，人们就使用了男性范畴，却无法明确地描述这些范畴。具有“女性特征”，主要是避开可能作为男子气概的特征起作用的所有属性和实践，说一个有权力的女人“太女性化了”，这不过是否认她有权拥有这种男人专有的属性即权力的一种特别微妙的方式。

女人在象征财产市场上的特殊地位揭示了女性配置的根本所在：如果整个社会关系在某个方面都是一种交换的地点，在这种交换中每个人都将其可感的面貌付诸评判，那么在这种被感知的存在中，相对于不那么直接可感的属性如语言而言，属于身体的部分被贬低为人们有时所说的“肉体”（被潜在地性欲化了），这对女人比对男人更甚。而

① 这可能是象征资本再生产关系中男人与女人地位有差别的一个迹象，尽管看起来可能微不足道：在美国的大资产阶级中，人们倾向于给女孩起法语名字，她们被看作时尚和诱惑的客体，而男孩是传宗接代的保证者和旨在使世系永存的行为的主体，他们的名字多半是从世系贮存的古老名字的宝库中挑选出来的。

对男人而言，打扮和衣服倾向于让人注意社会地位的社会符号（衣服、饰物、制服等）而忘却身体；对女人来说，则倾向于张扬身体并使身体变成一种诱惑的语言。这就解释了为什么女人在打扮上的投入（时间、金钱、精力等）比男人要多得多。

因此，她们从社会方面倾向于将自己视为美的对象，并因而将注意力持久地放在与美、身体、衣着和举止的优雅有关的一切上。她们在家庭劳动分工中，自然而然地负责一切关乎美的方面，以及更广泛地，关乎家庭单位成员的公众形象和社会外表之打理方面，这其中显然包括孩子， 137
丈夫也不例外，他往往委托她选衣服。她们也关心和考虑日常生活、房屋的布置及其内部装饰，以及在房间里占一席之地的无目的性和合目的性的部分，即使最贫困的家庭也是如此（比如从前的菜农把菜园的一角留给装饰用的花朵，工人住宅区最贫困的家庭也有花盆、小摆设和彩色图片）。

既然被指定管理家庭的象征财产，她们当然合乎逻辑地被要求将这个角色转移到企业内部，企业总是要求她们完成展示和表演、接待和招待的活动（“空中小姐”“招待员”“模特”“轮船服务员”“火车乘务员”“会议接待员”“旅游向导”等），以及庞大的官僚机构的常规管理。官僚机构的常规与家庭常规一样，有助于维护和增加关系的社会资本和企业的象征资本。

有日本女招待的豪华俱乐部是妇女被要求提供的所有类型的象征服务的极致表现，大企业喜欢在这里宴请其高级管理人员。这里不像普通的娱乐场所那样提供性服务，而是提供高度人格化的象征服务，比如对客户个人生活细节的暗示，对他们的职业或性格的满怀钦佩的评价。一个俱乐部在威信和价格的等级中地位越高，服务就越特别，越淡化性的特征，而且倾向于呈现出完全无偿的、出于爱而不是为了钱而献身的表象。这是以一种特有的委婉化的文化活动为条件的（这种活动甚至是
138 旅馆里的卖淫所强制规定的，而且妓女们声言这与街头卖淫简便的性交易相比，沉重和昂贵许多[1]）。特别的殷勤和诱惑手段的展现，丝毫不是可能包含一种色情挑逗成分的优雅谈话，而是力求为不该这样出现的客人提供受到钦佩、赞扬的感觉，甚至提供因他们自身、他们个人的独特性而不是因他们的钱而被欲求、

① 参见 C. Hoigard et L. Finstad, *Backstreets, Prostitution, Money and Love*, Cambridge, Polity Press, 1992。

> 被爱慕的感觉，让他们感到自己非常重要，或更简单地说，让他们“感到自己是男人”[1]。

这些象征商业活动之于企业相当于自我表现的策略之于个人，为了能恰当地完成，这些活动自然而然地要求对身体外表的一种极端关注和诱惑的禀赋，诱惑的符号以最传统的方式被分配给妇女的角色。于是我们理解了，人们可以普遍地通过对妇女的传统角色的简单扩展，把在象征财产和服务的生产或消费中的功能（通常是从属功能，尽管文化领域是她们能够在其中占据领导地位的唯一领域），或更确切地说，把优雅的符号，从美容产品或美容服务（理发师、美容师、指甲修剪师等）到高级时装业或大文化产业，交付她们。她们在家庭单位内部负责将经济资本转
化为象征资本，她们预先倾向于进入奢求与区分的永恒辩 139
证法，时尚为区分提供了得天独厚的地盘；区分作为象征性的超越和竞出高价的永恒运动，是文化生活的动力。小资产阶级妇女极为重视身体或化妆是众所周知的[2]，更广泛

---

① 参见 A. Allison，*Nightwork*，*Pleasure*，*and Corporate Masculinity in a Tokyo Hostess Club*，Chicago，University of Chicago Press，1994。

② 参见 P. Bourdieu，*La Distinction*. *Critique sociale du jugement*，Paris，Éditions du Minuit，1979，p. 226－229。

地说，她们十分讲究伦理和美学上的体面，她们都是男性统治的特定受害者，但同时也是将男性统治的作用传递给被统治等级的指定工具。她们好像被与统治模式同化的渴望攫住了一样——正如她们具有的美学和语言的过度校正倾向所表明的那样，她们特别倾向于不惜一切代价，也就是说经常采取赊欠的方式，把因为与众不同而优雅的统治者的属性据为己有，尤其借助特定状况下的象征权力，促进这些属性的强制性传播。她们在文化财富的生产或流通机构中的地位（比如在一份女性报纸上），能够为她们对新入教者的布道热忱提供这种象征权力。[①] 一切都似乎表明，妇女获得职业自由的最佳证明来自象征财产市场，而象征财产市场之所以为这些象征生产的“自由劳动者”提供自由的表象，不过是为了从她们那里获得急切的服从和她们对象征统治的推动，象征统治通过象征财产经济的机制发
140 挥作用，所以她们同样是象征统治选定的受害者。对这些机制的直觉无疑是女权主义运动提出的某些颠覆策略的根源，这些策略包括比如为本色（natural look）辩护，这种

---

① 尼科尔·伍尔西-比加特（Nicole Woolsey-Biggart）以其著作《超凡魅力的资本主义》中的女性劳动力为基础，提供了一种对新入教者的文化热忱的典范形式的描述，参见 *Charismatic Capitalism*（Chicago，University of Chicago Press，1988）。

直觉应该扩展到所有状况中，在这些状况中，妇女能够相信并让人相信，她们行使的是一个行为主体的责任，可是她们却沦落到用于炫耀或操纵的象征工具的境地。

结构的力量

男女之间的统治关系存在于全部社会空间及其次空间中，也就是说不仅在家庭中，同样也在学校教育空间和劳动世界中，在官场和传媒场中。因此，真正从关系方面理解这种统治关系，就会粉碎一个“永恒女性”的虚构形象，使男女之间的统治关系结构的永久性更清晰地显现出来，这种永久性超越了与历史时刻和社会空间中的位置相联系的主要差别，因而得以保存下来。而且，对男性统治关系超历史的永久性的这种证明，远非如人们有时假装相信的一样，产生一种非历史化进而自然化的作用，而是迫使推翻普通的或然判断，这种或然判断建立在对妇女处境中最明显变化的证明之上。对男性统治关系超历史的永久性的证明，实际上迫使人们提出这个总是被忽略的问题，即总是重复的历史作用问题，历史作用对于男性统治脱离历史是必要的；还有对男性统治表面上的非历史化负责的历史机制和作用问题，历史变化的任何策略都应该认识到这些 141

机制和作用，否则就会陷入软弱无力的境地。

对男性统治关系超历史的永久性的证明，最终而且尤其迫使人们看到“后现代”哲学家“超越二元论”的炫耀性呼吁的虚妄；这些二元论深深地植根于事物（结构）和身体之中，而不是来自言语命名的一种简单作用。① 是性别秩序建立了词语——特别是辱骂——的述行的有效性，同样，是性别秩序抵制颠覆性的唯意志论的虚假革命性质的再定义。

米歇尔·福柯在被视为“一种精神分析的考古学”的《性史》中，描述了作为“欲望主体”的西方人的一种系谱学，他试图借此将性别特征重新历史化，以对抗精神分析的自然化。同福柯一样，我们在这里尽力将支配性关系，以及更广泛地，支配性别之间关系的无意识，不仅与其个人的个体发生而且与其集体的系统发生联系起来，也就是说与男性中心无意识的不变部分的久远历史联系起来。但是，还需要理解到底是什么构成了现代性经验的特点，为

---

① 朱迪思·巴特勒（Judith Butler）本人似乎也放弃了她在《性别烦恼》一书中提出的性别“唯意志论”观念，她写道：“对性别的述行性（performativity）的误解是这样的：性别是一种选择，或者是一个角色，或者是一个人放在身上的一种构造，如同一个人早晨穿衣服一样。”（J. Butler，*Bodies that Matter：On the Discursive Limits of «Sex»*，New York，Routledge，1993，p. 94.）

了妥善地完成这个理解计划，我们不能像福柯所做的那样满足于坚持这个事实，即什么东西使得现代的性与古希腊或古罗马的性区分开来，在古希腊、古罗马，“人们很难找 142 到一个类似于‘性’或‘肉体’的概念”，也就是说“一个参照独一无二的实体，并能将一些各不相同、表面上彼此相距甚远的现象、行为，还有感觉、意象、欲望、本能和激情当成出自本性的东西集中起来的概念”①。

我们所理解的性，实际上是一种历史的创造，但这种创造是随着不同的场及其特定逻辑的分化过程的完成而逐渐进行的。因此，首先应该让构成神话思维的根本对立的性别化的（而不是性的）区分原则不再用于整个世界秩序，无论是身体的还是政治的，进而不再决定比如宇宙论的基础，如同苏格拉底之前的思想家所做的那样：与性相关的实践和话语构成了彼此分隔的领域，这种构成实际上与神话思维同逻辑思维的逐渐分离分不开。神话思维的类比意义多元而含混，逻辑思维来自经院哲学场中的讨论，慢慢发展到以类比本身为对象（尤其对亚里士多德而言）。如是的性的突现，与一系列场的出现以及为了垄断性的实践和

---

① M. Foucault，*Histoire de la sexualité*，t. 2：*L'Usage des plaiairs*，Paris，Gallimard，1984，p. 43.

话语的合法定义而互相竞争的行动者的出现密不可分，这些场包括宗教场、司法场、官僚场，这些行动者能够将这个定义推广到实践中去，尤其是借助家庭和家庭主义观念。

143 性别的无意识模式并不是戈夫曼（E. Goffman）想要的“建构的根本取舍”，而是高度分化的历史结构，这些历史结构来自一个本身也高度分化的社会空间，并通过与行动者从这些空间的结构中得到的经验有关的训练进行再生产。因此，进入按照（强/弱、大/小、重/轻、肥/瘦、紧/松、硬/软等之间的）对立建立起来的不同场，与一系列性别化的对立被纳入身体同时产生，这些对立总是与男女之间的基本区分以及这种区分表现于其中的次要取舍（统治者/被统治者、上/下、主动-进入/被动-被进入①）保持一种同源关系，而这些性别化对立彼此之间是同源的，它们与基本对立也是同源的。

被纳入场的社会结构中的对立，为认识结构、实践分类提供支持，这些结构和分类通常被记录在形容词系统中，使得有可能产生伦理学的、美学的和认识的判断。比如在

---

① 米歇尔·福柯清楚地看到了性与（男性）权力之间的联系，尤其是在希腊伦理学中。希腊伦理学是男人为了男人构造出来的，它最终导致“依据进入的模式和男性统治的模式构想一切性关系”（M. Foucault，*op. cit.*，p. 242）。

大学场中，暂时占据统治地位的学科——法学和医学，与暂时处于被统治地位的学科——理科和文科相互对立；在后者内部，理科以及一切较难的学科，与文科也就是容易的学科互相对立；或总是无止境出现的，处于集会广场和政治一方的社会学，与致力于内心的心理学如文学相互对 144
立。[①] 此外，在权力场中，工商业雇主与知识分子之间的对立不仅在实践和属性的客观性中表现极为明显，而且以明确的或潜在的分类形式存在于头脑中，这些分类使得知识分子在“资产者”眼中是一个具有完全处在女性一边的属性的存在，这些属性包括不现实、超凡入圣、不负责任（正如我们在这些情形中清楚看到的，世俗的统治者试图给知识分子或艺术家上课，如同男人与女人在一起，非得向后者“解释生活”一样）。

---

① 我们知道，难易之间的对立是性别之间的劳动分工在科学领域采取的形式；而且在科学工作的分工、表象以及结果的评估等方面，都是如此。在另一种范畴内，17 世纪的文学批评家将史诗与抒情诗对立起来，认为史诗是男性的、刚强的，而抒情诗是女性的、用来装饰的。这种模式的对立也发生在国际关系场中，法国相对于其他各国如美国、英国或德国，占据一个所谓“女性”地位，正如这个事实所证明的那样：在迥然不同的国家，埃及、希腊或日本，男孩留学大多选择美国、英国或德国，女孩大多选择法国，抑或他们到美国或英国学经济、技术或法律，而到法国学文学、哲学或其他人文学科（参见 N. Panayotopoulos，«Les “grandes écoles” d'un petit pays. Les études à l'étranger：Le cas de la Grèce»，*Actes de la recherche en sciences sociales*，121－122，mars 1998，p. 77－91）。

这就是说，性别无意识的发生社会学在对这种无意识植根和再生产于其中的社会空间的结构的分析中，找到了它的逻辑的延续性，无论涉及以划分原则的形式被归并的划分，还是建立在各种社会地位（及男性或女性
145 占优势社会地位的占据者：医生/护士、雇主/知识分子等）之间的客观划分，都是如此。从这些划分的永久化观点来看，最重要的划分无疑是对致力于象征生产的各种场进行区分的那种划分。卡比利亚社会提供了基本对立的典型形式，这种基本对立在一系列同源对立中被消除了多样性，好像被绕开一样，这些同源对立再生产这种基本对立，但是以分散的和通常难以辨认的形式（像理科与文科或外科与皮肤科一样）进行。这些特定的对立以或多或少潜在的方式束缚思想，不让人把握它们的统一性和真实性，也就是说作为各种性别统治关系的同一个结构的各种面目。

所以，只有全面考虑这种统治实施的全部地点和形式，才能把握它的结构恒量和它的再生产机制。这种统治的特点是能够在迥然不同的级别上，在所有社会空间实现，从最有限的空间如家庭到最广阔的空间都是如此。影响女性处境的明显变化掩盖了不可见的结构的永久性，只

有联系的思想才能揭示这种永久性，这种联系的思想能够将家庭经济，进而将构成家庭经济特点的劳动和权力分工，与男人和女人置身其中的劳动市场的不同区域（场）联系起来。这不像人们通常所做的那样，通过分开的状态，在家务劳动和非家务劳动中，领会任务的尤其是等级的性别分配。

自从我们看到一些升至高位的妇女（高级管理人员、部长等）在某种程度上必须以在家庭方面（离婚、晚婚、 146
独身、与孩子相处困难或无法相处等）和象征财产经济方面不那么“成功”来为这种职业成功“付出代价”，性别统治的结构关系的真实性就真的隐约可见了。或相反，家庭经营的成功通常以部分或全部放弃重大的职业成功为代价（尤其通过接受某些“方便”，这些方便之所以很容易给予妇女，原因在于它们使她们置身于权力争夺之外：“半日工”或“五分之四日工”）。其实，只有考虑到（现时的或潜在的）家庭空间结构对职业空间结构实行的限制（比如通过丈夫地位与妻子地位之间必要的、不可避免的或可接受的距离的表象），我们才能理解在不同的社会空间中男性地位与女性地位的结构之间的同源性。当男女双方在一种追逐赛中不断改变其基本内涵时，这种同源性有保持下去的倾向，而且女人永远无法弥补她们的不利条件。[1]

而且这种联系的做法同样有助于理解这一点，即相同的统治关系可能以不同形式在差别最大的女性处境中看到：
147 从大商业资产阶级和金融资产阶级妇女对她们的家庭或慈善事业的无偿奉献，到家庭妇女女仆般的和“被雇佣式的”奉献，还有小资产阶级层次的妇女，她们几乎总是以一种低级的方式从事雇佣职业，这种职业与其丈夫的职业互为补充，互相兼容。男性统治的结构是这些不同寻常的、数不清的统治/服从关系的终极根源。这些关系依据相关的行动者在社会空间中占据的位置，在形式上是不同的，有时是巨大而显著的，有时是极小的甚至几乎看不到的。但它们是同源的，因此被一种家庭的气氛联系在一起——它们在每个社会空间中，将男人与女人分开并联结，从而在两者之间维持弗吉尼亚·伍尔夫所说的“神秘的分界线”。

① 拥有一份强大的文化资本本身并不足以获得相对于男人的一种真正的经济和文化自主的条件。不妨相信某些人的主张，他们看到，在一对夫妇中，如果男人挣钱很多，妇女工作就表现为选择的特权，这种特权应该通过额外的活动和成功为自己辩护，或者，一个提供一半以上收入的男人期待他的妻子做一半以上的家务。所以，经济独立这个必要条件本身并不足以使女人摆脱统治模式的限制，统治模式可能继续缠绕男人和女人的习性。

关于统治与爱情的附言

停留在这一点上，就是沉溺于弗吉尼亚·伍尔夫所说的“让人幻灭的快乐”（它无疑构成了社会学有时暗中追求的乐事），就是让整个令人着魔的爱情关系空间与研究保持距离。① 这种诱惑尤为强烈，因为不冒落入“学究气的滑稽”陷阱的危险，同时用分析的语言谈论爱情，更确切地说，避开激情与厚颜无耻、神奇故事与寓言或韵文故事的取舍，不是一件容易的事。爱情难道是不受男性统治的法则支配的一个例外，唯一的例外，最重要的例外？它是对 148

---

① 我过去常常，尤其在《区分》（*La Distinction*，*op. cit.*，p.566）的结尾，说到追求“清晰观念”的乐趣可能在社会学特有的求知欲中所占的分量，然而我却没有看到与求知欲密不可分的“让人幻灭的快乐”可以解释和部分地证明社会学引起的某些最强烈的消极反应。

象征暴力的一种悬置，还是这种暴力的最高形式，恰恰因为它是最微妙、最不易察觉的暴力形式？当爱情在某个变种中表现为命中注定，即对不可避免的事物的依恋，这不可避免的事物使得许多妇女认为社会命运分配给她们的那个人可爱并爱恋他，至少在古老的卡比利亚或从前的贝亚恩，无疑还有远远超出这个范围的（正如同族婚配的统计所证明的那样）地方都这样时，爱情在幸福抑或不幸的激情中成了可接受的统治，认识不到的统治，实际上也就成了被认可的统治。受需求或习惯所迫，投入最难忍受的生存条件或最危险的职业中，对此，我们又能说什么呢？

149 但是克里奥佩特拉的鼻子在那里，以一切神话故事中的女人——诱惑者夏娃、骗子翁法勒、魔法师、女巫或巫师喀尔刻——具有不祥的、令人感到恐怖和令人着魔的力量提醒人们，爱情的神秘影响可能施加于男人。人们认为暗中或在亲密关系的秘密（“在枕上”）中起作用并通过激情眷恋的魔术控制男人的那些力量，可使男人忘记他们与社会尊严相关的义务，颠覆统治关系。然而这种颠覆是对普通的、平常的和自然的秩序的最终中止，因而作为一种反自然的违抗受到谴责，恰好又反过来加强了男性中心的神话。

但这是停留在斗争或战争的角度上。这是排除中止暴力和暴力关系的可能性，这种中止可能构成爱情或友谊的经验。但是，在这种神奇的休止中，统治似乎成了被统治的，或更确切地说，统治被消除了，而男性暴力被平息了（人们曾多次说明这一点，即妇女清除了社会关系中的粗暴和野蛮之后，社会关系变得文明了）。于是一向以猎取和好战为特征的男性观念结束了，性别之间的关系结束了；统治策略也同时结束了，因为统治策略通过导致担忧、不确定、期待、失望、伤害、屈辱，达到维系、束缚、压制、贬低或奴役的目的，再次引入了一种不平等交换的不对称。

但是，萨莎·魏特曼（Sasha Weitman）说得好，与日常秩序的决裂不是一蹴而就和一劳永逸的。只有通过无时无刻的、不断重新开始的努力，才能使爱情的“奇异岛”这个封闭的、完全自给自足的世界脱离算计、暴力或利益的冰水。这个世界是不断发生一系列奇迹的地点：非暴力的奇迹——只有建立在彻底的相互性基础上并允许完全信 150
任与交付自我的关系确立，才能使这种奇迹实现；互相认可的奇迹——如萨特所说，它使人感到“有存在的理由”，这种奇迹甚至在人的最琐碎和最消极的特征中，也在对任意一次相遇的一种任意绝对化之中，并通过这种绝对化得以实现（“因为是他，因为是我”）；无关利害的奇迹——这种奇迹使得非工具化的关系成为可能，这种关系建立在一种给予他人幸福的幸福之上[①]，它在另一个人的赞赏中，尤其在他引起的赞叹面前，找到了源源不断的赞叹的理由。如此多的特征达到了它们的象征交换经济的最大力量，这类交换的最高形式是奉献自我和身体，身体乃神圣之物，被排除出商业流通。由于这类交换意味着并产生了持久的和非工具性的关系，正如戴维·施奈德（David Schneider）所指出的那样，它们与劳动市场的交换是截然对立的，后者是随便什么行动者，也就是无关的和可以互相替换的行动者之间暂时的和完全工具性的交易，为了金钱的爱情和功利的爱情这种措辞上的真正矛盾，代表了这种交易的被公认为亵渎行为的极限。[②]

“纯粹的爱情”，这爱情上的为艺术而艺术，如同为艺术而艺术、对艺术的纯粹的爱一样，是一种相对新近的历史创造，“纯粹的爱情”与对艺术的纯粹的爱在历史上和结构上是相互关联的。[③] 无疑，以最完美形式出现的纯粹的爱

151

① 它完全反对不考虑别人的意图，将别人视为纯粹的享乐手段，当成工具对待。

② 参见 P. Bourdieu，«Le corp et le sacré»，*Actes de la recherche en sciences sociales*，104，septembre 1994，p. 2。

③ 参见 P. Bourdieu，*Les Règles de l'art. Genèse et structure du champ littéraire*，Paris，Éditions du Seuil，1992。

情是非常罕见的，这种爱情几乎是永远达不到的极限——人们有时所说的“疯狂的爱情”，从本质上来讲是脆弱的，因为它总是与过分的要求，与“疯狂”（难道不是因为“基于爱情的婚姻”的离婚风险如此之大，人们才投入其中?）联系在一起，而且不断受到利己主义算计的复发或习以为常的简单作用所引起的危机的威胁。但是无论如何，纯粹的爱情还是多少存在的，尤其是在女人身上，这足以使它被定为标准或实际的理想，让人值得为它本身或为了它引起的例外经验追求它。笼罩它的神秘光晕，尤其在文学传统中，可以很容易地从严格意义上的人类学角度加以理解：相互认可建立在中止为了象征权力的斗争的基础上，对认可的追求和相应的统治诱惑引起了斗争。在相互认可中，每个人都在另一个人身上认出了自己，把另一个人当成另一个自己，另一个人也这样看待他。这种相互认可可以通过其彻底的反思性，超越利己主义和利他主义的取舍甚至主体与客体的区分，达到融合和相通的状态。这种状态通常出现在接近神秘主义隐喻的隐喻中，两个人能够“迷失在彼此之中”但又不丧失自我。恋爱的主体摆脱了名誉辩证法的不稳定和不安全特征，只能从另一个像他一样放弃统治意愿的主体那里得到认可，尽管荣誉的辩证法建立在一种平等的假设基础上，却总面临着不断增强的统治冲动。恋爱的主体无限制地将他的自由交给一个也将自己的自由交给他的主人，在一种受到无限肯定的自由束缚的行为中与后者结成一体（通过不间断地重复“我爱你”）。他感到
152 自己像一个几近神圣的创造者，仅仅通过他的爱人赋予他的权力（尤其是命名的权力，这项权力体现在所有独一无二和唯有他们知道的名字中，恋人们互相起了这些名字，它们如同在入教仪式中一样，代表了一种新生，一个绝对的开始，一种本体论身份的变化）从零开始造就他的爱人；但是这个创造者，作为报答，同时也将自己视为其创造物的创造物，他与自我中心的和以统治者自居的皮格马利翁截然不同。

相互认可、生存理由和存在根据的交换、信任的相互证明，这么多完美的相互性特征，赋予这个圈子与所有认可相匹敌的权力。这个圈子中包含着爱情的二元，即基本的社会单位，它与一种象征的、强大的自给自足分不开，且拥有了这种自给自足；而人们通常向“社会”制度和惯例要求所有这些认可，社会是上帝在尘世的替代物。[1]

---

① 关于制度及其惯例特有的神学-政治功能，参见 P. Bourdieu, *Méditations pascaliennes*, *op. cit.*, p. 279－288。

结论

对一种统治形式的科学分析进行披露必然具有社会的， 153
但可能是意义相反的后果：这种披露要么会从象征意义上加强统治，因为对这种披露的实录似乎再现或印证了统治话语（其否定判断通常采取一种纯粹的描述性记录表象）；要么会以有点类似泄露国家机密的方式，通过支持动员受害者，有助于抵消统治的作用。因此，这种披露有受到各种误解的危险，预料这些误解比提前消除它们更容易。

在这些如此困难的接受条件面前，若不是分析者知道，在如此敏感的事情上，仅有善意是不够的，他会恨不得纯粹求助于自己的善意；实际上，即使是怀着为许多致力于研究女性处境的著作提供启示的战斗信心（它同时也是关注至此被轻视或忽视的事物的根源），也还是不够的。其实，人们无法高估被外在的考虑指定其目标的一切科学计划所面临的危险，不管这种考虑多么高尚，多么慷慨。“良好的动机”无法代替认识论的证据和避开反思的分析，反思的分析有时迫使人们发现，“良好的感情”的合宜并不一定排斥对与“良好的斗争”相关的利益的关注（这丝毫不意味着——有时人家以为是我说的——“一切战斗的计划都是反科学的”）。尽管问题不在于以某种乌托邦式的
154 价值中立（“弃绝价值判断”）的名义，将一种政治和智识动员的存在所引起的个体或集体的动机从科学中排除出去，但无论如何，最好的政治运动注定要造就错误的科学，并且从长远来看，造就错误的政治，如果这一运动最终没能将其颠覆性的配置转化为批判——首先是对自身的批判——的启示。

无疑，为了避免以表面上采取科学记录的方式承认事实，人们对统治和剥削最明显的消极作用缄默不语，这是完全可以理解的：有些人考虑为民众恢复名誉或害怕为种族主义提供武器，因为种族主义恰恰将文化差别纳入被统治者的本性之中，并且使自己有借口“责备受害者”，却对受害者产生的存在条件弃置不顾，所以这些人多少会以有意识的方式谈论“大众文化”，或美国黑人的“贫困文化”；

有些人像今天的某些女性主义者一样，偏爱“回避对服从的分析，担心承认女性加入统治关系会导致将责任从男性推到女性身上”[①]。实际上，许多颠覆运动曾经迎合了这种表面上慷慨的诱惑，即以同情、团结或道德愤怒的名义，提供有关受压迫者和被谴责者的一种理想化表象，却对这种统治的作用，尤其是最消极的作用闭口不谈。为了抗拒这种诱惑，应该冒些风险在表面上为法定秩序辩护，揭露某些属性，统治所造就的被统治者（妇女、工人等）有可 155
能通过这些属性助长对他们自己的统治。[②] 表象——难道还需再次强调吗？——总是为了外表而存在，揭露的举动有同时招致保守主义的愤怒谴责和革命主义的虚伪揭发的危险。凯瑟琳·麦金侬很有洞察力，她对此种洞察力可能产生的作用也一清二楚。因此她哀叹道，当她努力描述性别关系的真实性时，有人立刻责备她“用恩赐态度对待女人”(condescending to women)，于是她所做的只是说明女人

---

① J. Benjamin, *The Bonds of Love*, *Psychoanalysis*, *Feminism and the Problem of Domination*, New York, Pantheon Books, 1988, p. 9.

② 同样，揭露男性统治对男人习性产生的作用，并不像某些人愿意相信的那样，是为男人辩解。这表明，光有把女性从统治，也就是从对她们实行统治的客观的和被归并的结构中解放出来的努力，没有把男人从这些同样的结构中解放出来的努力，是行不通的，因为这些结构使得男人协助统治实行。

"如何成为恩赐的对象"①。当轮到一个男人这样做时，谴责就更有可能了，这个男人显然根本无法反对那些女人，她们以女性"经验"构成的绝对权力为借口，毫不留情地谴责意欲思考她们不费力气地取得垄断权之对象的任何企图。②

156 因此，人们对关于两性差异的男性著作经常抱有先决的怀疑，不是完全没有基础的。这不仅因为分析者局限于他自以为理解的东西，不知不觉遵照辩护的意图，可能会提供他为揭示行动者的前提而自己设定的前提；尤其因为，他与数千年来被纳入社会结构的客观性和认识结构的主观性之中的制度打交道，他用以思考男女之间对立的只是一种按照这种对立构成的头脑，他暴露在这样的危险之下，即把理应当成认识对象的认识和思维模式作为认识工具使

---

① 参见 C. A. MacKinnon，*Feminism Unmodified*，*Discourses on Life and Law*，Cambridge（Mass.）et Londres，Harvard University Press，1987。

② 有这样一个事实，即同时是主体和客体，或更确切地说，亲身体验需要进行科学分析的人类处境的特殊形式。那么仅以这个事实被认为保证认识权威的名义，要求得到一个随便什么东西的垄断权（哪怕通过在某些女性主义著作中通行的"我们"这个简单用法），就是在科学场中引入对本位主义的政治保护并对普遍主义提出质疑，这种保护允许先验的臆测，而普遍主义尤其借助所有人有权接触所有事物的原则，成为科学共和国的基石之一。

用。因此，连最内行的分析者（某个类似康德或萨特、弗洛伊德或拉康的人物……）都极有可能不知不觉地在一种不经思考的无意识中，获取他试图用来思考无意识的思想工具。

如果说我在犹豫许久之后，满怀忧虑地在一块开拓极端困难且迄今为止几乎全部被女人垄断的领地上冒险，那是因为我感到，我身处同情的外在关系，会使我依靠受到女权主义运动鼓舞的巨大成果，以及我本人对象征统治的社会原因和结果的研究成果，作出一种能够指向别处的分析，研究女性的处境，或以更具关系性的方式，研究性别关系以及改变这种关系的行动。事实上，在我看来，如果 157
家庭单位是男性统治以最不可辩驳和最显而易见的方式表现出来（不仅仅通过使用身体暴力）的一个地点，那么在家庭中起作用的物质和象征力量关系的永久化原则，则基本上处于这个单位之外，存在于诸如教会、学校或国家这类机构以及它们特有的公开或隐蔽的、官方或非官方的政治活动之中（为了让人信服，只需看看当下的现实中对社会联合契约计划的反应和抗拒即可）。

这就是说，即使女权主义运动将表面上属于私人范畴因而被政治传统排除或轻视的对象和事物，引入在政治上有争议的或可争论的领域，从而有力促进了政治或政治性事物的区域的大大扩展，女权主义运动也不应该因此以斗争属于最传统的政治逻辑为借口，听任自己发展到排斥与决策机构斗争的地步。这些机构由于它们消极的且在很大程度上看不到的作用——因为它们与男性的以及女性的无意识结构和谐一致，大大促进了性别统治的社会关系永久化。但是，女权主义运动同样不应该听任自己封闭在专门的女权主义政治斗争形式之中，比如关于男女在政治机构中机会均等的要求。如果这些斗争的功劳在于强调宪法所标榜的原则上的普遍主义并不像表面上那么普遍——尤其在这种普遍主义只承认抽象的和缺乏社会性质的人这个方面，那么这些斗争就很可能优待与现在占据统治地位的男
158 人来自相同的社会空间区域的女人，从而加强另一种形式的虚构的普遍主义的作用。

政治行动只有真正考虑到所有统治作用，才会在长时期内借助不同的机制或相关的制度所固有的冲突，促进男性统治的逐渐消亡。因为所有的统治作用都是通过（无论在男人身上还是在女人身上）被归并的结构与重大制度的结构之间的客观同谋实现的，不仅男性秩序，甚至整个社会秩序都是在这些重大制度中实现和再生产的（从国家开

始，国家是围绕它的男人的“右手”与女人的“左手”之间的对立构成的；还有学校，学校负责所有基本的观念和区分原则的有效再生产，它本身也是围绕同源的对立组成的）。

附录：关于同性恋运动的几个问题

161 同性恋运动一方面由于其存在和象征作用，心照不宣地提出一些问题，另一方面通过它所产生的或引起的话语和理论，明确地提出了一些问题，这些问题属于最重要的社会科学问题，而且某些问题是全新的。[①] 这种反对一种特殊形式的象征暴力的反抗运动，除了产生分析的新对象之外，还对现行的象征秩序提出了深刻的质疑，并以相当激进的方式提出了这个秩序的基础问题，以及颠覆这个秩序

① 我曾在一次关于同性恋研究的会议上，介绍过这篇文章的原始提纲，目前我在这篇文章中，只谈论“运动”，对于推动这个运动的不同集团、群体和协会与这个（或这些）本身很难确定（或许应该以公开的或隐蔽的、实际的或潜在的性行为为标准，比如经常去的某些地方，一种特定的生活方式?）的同性恋“团体”或“范畴”——而非“共同体”——之间的关系不做任何表态。

所需的一种成功动员的条件问题。

象征统治的特定形式通过分类的集体行为推广开来，同性恋是象征统治的受害者，他们被打上耻辱的烙印，这个烙印与皮肤的颜色或女性特征不同，可能是隐蔽的（或公开的），而分类行为则产生了有意义的、从否定方面表现 162
出来的差别，并由此产生被打上烙印的社会集团和等级。比如在某些种族主义的情形中，象征统治的特殊形式表现为一种对公开的、可见的存在的否定。作为“不显形”（invisibilisation）的压迫通过一种对合法的、公开的，也就是被法律认识和认可的存在的拒绝和一种谴责显示出来，这种谴责只有在运动要求可见性时才会表现得如此清楚。这种运动被明确要求“严守秘密”或隐蔽，它通常是被迫这样要求自己的。

谈论象征统治或暴力就是指出，除了致使认识和评价范畴颠倒的颠覆性反抗之外，被统治者倾向于将统治者的观念用在自己身上：尤其通过打上烙印的分类所产生的命定作用以及特别是真实的或潜在的凌辱，他有可能最终被迫使用和接受正当的（在地中海地区的观念中，与扭曲的相对）认识范畴，并在屈辱中体会性经验。这种性经验通过占统治地位的等级的观点为他定义，他在担心被人觉察、识破的恐惧与试图被其他同性恋者认可的欲望之间摇摆。

这种象征统治关系的特性在于，这种关系不仅与可见的性别特征而且与性行为相联系。这种行为作为男性（主动的、进入的）原则对女性（被动的、被进入的）原则的统治关系，它的合法形式的占统治地位的定义，意味着对男性特征也就是统治原则的渎圣的女性化的禁忌，而这种女性化被纳入同性恋关系之中。作为男性中心神话被认可的普遍性的证明，尽管男同性恋者本身与妇女一起成为男
163 性中心神话首要的受害者，但他们常常将统治原则用于自身：他们像女同性恋者一样，经常在他们组成的伙伴关系中，再生产一种男性角色和女性角色的划分，这种划分不大适于使他们接近女权主义者（她们总是先入为主地怀疑他们与他们所属的男性是串通一气的，尽管他们受到男性的压迫），他们有时以最普遍的形式将对男性特征的证明推向极致，这无疑是反对从前占主导的“女人气”的风格。

作为这种神话的组成部分的类似对立，既以指定的划分形式被纳入客观性中，又以一种躯体化的统治关系的形式（通过羞耻表现出来）被纳入身体中，构成了对身体本身及其产生的用途，尤其是性用途的认识，也就是说同时构成了劳动的性别划分和性活动的划分。或许由于对同

性恋的分析以非常尖锐的方式强调了将性与权力进而与政治联结在一起的纽带（比如指出，在许多社会中，一个人因为有被动的同性恋兼被统治者的身份，所以体现出双重“违背自然”的令人恐怖的性格），这种分析才能导向力图把性关系与权力关系截然分开的一种性政治（或乌托邦）。

要对社会结构和认识结构进行这样一种根本颠覆，应该动员所有因性别而被歧视的受害者（或者，更普遍地说，所有被打上烙印的人）。但是，人们由于不能或不愿将这种颠覆当成目标，不得不被限制在象征统治的一种最具悲剧性的二律背反之中：如何才能反抗社会强加的这一种分类，除了依据按照这种分类构造的一种范畴组织起来，并因此
让这种范畴试图反对的类别和约束存在下去（而不是为了 164
不同性别身份之间的区分在其中无关紧要的一种新性别秩序而斗争）？曾经有一种运动大力强调，同性恋的地位像家庭、地区、国家或其他一切共同体一样，不过是一个建立在信仰之上的社会构造，但这种运动能够满足于象征革命吗？象征革命让这种构造变得显而易见、人尽皆知和令人认可，并通过颠倒耻辱的印记从中制造一个标志——以男同性恋者的傲慢的方式，赋予这种构造一种实现了的范畴

的圆满和全面的存在，男同性恋者的傲慢是看不见的集团的集体存在的公共的、严格的和异乎寻常的表现。再进一步，这种运动让同性恋的地位作为一种社会构造、一种异常秩序的集体虚构显现出来，而这种秩序是部分地以反同性恋为基础构成的。同时，这种运动强调这个被构造范畴的所有成员的极端多样性。因此，它倾向于（这是另外一种二律背反）在某种程度上消解它自身的社会基础，而它应该建设这样的社会基础，以便自己作为推翻象征统治秩序的社会力量存在，并赋予自己所承担的要求以力量。

它是否应该把它要求的行为（及其冲突）进行到底，请求国家通过一种庄严的身份证明对这个被打上烙印的群体予以持久的和普遍的承认，承认这个群体的公共和公开的地位？事实上，如果象征颠覆行动意欲成为现实，就不能坚持象征决裂，即使象征决裂如某些唯美主义者的挑衅一样，对于悬置明证性有效——这一点是确实的。为了永久地改变表象，象征颠覆行动应该对被归并的（思维模式）范畴实施和规定一种永久的改变。这些范畴通过教育，将
165 在其有效权限范围内，把明显的、必要的、不可辩驳的、自然而然的现实地位赋予它所产生的社会范畴。象征颠覆行动应该向法律（droit 这个词的词义表明，它与正直有联

系）要求一种对特性的承认，这种承认意味着特性的废除：事实上，一切都似乎表明，同性恋者不得不为了从不可见变成可见，为了不再受到排斥和隐匿而斗争，他们力求通过对统治规范的服从，重新隐形，并在某种程度上变得中性和中性化。[①] 只要想想当“家庭支持”这个概念用在一对同性恋伴侣的其中一个成员身上时包含的所有矛盾，就足以理解某种现实主义，这种现实主义导致在民事结合的契约中所看到的某种代价，付出这种代价是为了“回到秩序之中”，并获得好士兵、好公民或好配偶对不可见的可见性的权利，与此同时，导致获得对一小部分权利（比如继承权）的权利，这些权利通常被分配给共同体中任何一个享有全部公民权益的成员。对许多同性恋者而言，这种现实主义很难充分证明，作为依赖一对伙伴中一个成员的身份的前提，这样一个契约是否包含着对象征秩序让步的合理性［值得注意的是，北欧国家的同性恋者协会已经获得同

---

① 以来自被统治和被谴责群体的运动为起源的结构冲突，迫使这些运动在不可见与展示、消除与扩大差别之间摇摆，这使得同性恋运动如同黑人民权运动或女权主义运动一样，根据形势的不同，依照组织结构、对政治的介入和遭遇的敌对形式，采取这种或那种策略（M. Bernstein，«Celebration and Suppression：The Strategic Uses of Identity by the Lesbian and Gay Movement»，*American Journal of Sociology*，103，November 1997，p. 531－565）。

166 性恋民事结合的认可，他们仿佛为了在可耻地违反男女之间神圣界线产生的同性恋伙伴关系中，减少由于维护差别甚至等级而造成的不合逻辑性，正如阿尼克·普里厄（Annick Prieur）所看到的那样[1]，竟然选择组成长相酷似的同性恋伴侣，这类伙伴没有表现出任何适于强调这种划分和作为这种划分基础的主动/被动对立的迹象]。

有可能将二律背反转化为一个可能被理性选择支配的取舍吗？正统观念的力量，也就是说一切形式的象征统治（白人、男性、资产阶级）强制规定的正当的和右翼的信念，其力量在于它把来自历史区分的特性变成体现一切自然特征的被归并的配置。这些配置通常与促使它们产生的客观限制配合得天衣无缝，以致它们包含了一种对这些限制的心照不宣的接受形式［比如说隔都化即“对隔都（ghetto）的爱”］。当它们与统治者相联系，就表现为不明确的、中性的和普遍的属性；也就是说，既是可见的、明显的又是不可见的、不明确的、“自然的”（“自然的区分”）属性；而当它们与被统治者相联系，就表现为“差别”，也

---

① 参见 A. Prieur, R. S. Halvorsen, «Le droit à l'indifférence: le mariage homosexuel», *Actes de la recherche en sciences sociales*, 113, 1996, p. 6－15。

就是说需要辩解的否定的标志、缺陷甚至耻辱的烙印。因此，正统观念的力量为所有普遍主义的虚伪的策略提供了一种客观基础和一种可怕的有效性，这种普遍主义的虚伪颠倒了责任，将被统治者获得共同的权利和命运的要求，看成本位主义者或“团体主义者”与普遍主义者之间的契约的决裂。其实，当象征性的少数族群成员行动起来，要 167
求他们事实上被拒绝给予的普遍权利时，人们才将他们召唤到普遍的秩序中来，这是很反常的；只有在这一时刻，即当男女同性恋运动，尤其因为有了社会结合的契约而要求共同的法律适用于男同性恋者和女同性恋者的时候（即使在这个运动内部，后者也受到双重的压迫，因为这个运动中男同性恋者占90%，女同性恋者占10%，具有强大的男性主义传统特征），人们才如此猛烈地抨击这个运动的本位主义和“团体主义”。

那么，如何抗拒虚伪的普遍主义而又不将一种本位主义普遍化？用更加现实的也就是说更直接地关系到政治的话来说，如何使运动的成果避免达到一种隔都化的形式？由于同性恋运动建立在一种不包含也不必然引起经济和社会障碍的行为特性基础上，所以它聚集了尽管受到谴责却相对受到优待的人；尤其从文化资本的角度来看，文化资本构成了象征斗争中一张重要的王牌。但是，一切象征颠覆运动的目标都是实施一种象征的破坏和建设作用，这种作用力求推行新的认识和评价范畴，以建立一个集团，或更加彻底地摧毁实行谴责和受到谴责的集团据以产生的划分原则。同性恋者尤其被武装起来实现这种作用，而且他们可以在颠覆斗争中，让与本位主义相关的优势为普遍主义服务。

鉴于此，这个运动如同女权主义运动一样，具有能将
168 拥有一种强大文化资本的行动者聚集起来的特性，而它注定在一种相当尖锐的形式下遇到的最大困难，就是委派一个代言人的问题，这个人能够代表这个集团，表明这个集团，从而造就这个集团。而且，这个运动像某些“极左”运动一样，倾向于转化为宗派，这些宗派加入为获得集团的公共表现的垄断权而进行的斗争。因此，我们会考虑，对于这样一种运动，避免互相加强的隔都化和宗派主义的唯一方式是不是让特殊的能力为总体上的社会运动服务，这种运动从一种强大的、与受谴责的地位相关的颠覆配置和一种强大的文化资本的相对不可能的组合中，获得了特殊的能力；或者，姑且迁就乌托邦主义，至少在理论活动和象征行动方面（某些同性恋集团在这方面

被视为大师），让自己处于颠覆性的政治和科学运动的先锋地位，由此让同性恋者以区别于其他受谴责集团的特殊优势为普遍性服务。

索引

（所注页码为原书页码，即本书边码）

概　念

人　名

译后记

布尔迪厄一直致力于揭露所有社会领域中存在的统治关系。统治者将他们的价值观念强加给被统治者，被统治者不知不觉地参与了对自身的统治。《男性统治》（1998）也是按照这种思路写成的一本书。

那么，男性统治的超历史稳定性是如何实现的？在布尔迪厄看来，统治结构是不同的社会行动者协助的一种持续的再生产活动的产物，这些行动者包括：男人（借助身体暴力和象征暴力这类武器），成为其习性的无意识受害者的妇女和各种机制——家庭、教会、学校。布尔迪厄从卡比利亚社会的一种人类学研究出发，揭示了今天存在于男性和女性无意识中的男性中心世界观的永久性。在卡比利亚的柏柏尔人中，整个社会秩序如同一架认可男性统治的机器那样运转，男女对立表现在社会劳动分工（男人耕地、收割、打仗，女人捡橄榄、树枝）、社会空间的结构（男人外出，女人在家）及时间的安排（男人生产行为的中断，女人漫长的妊娠期）上。由此，高/低、上/下、干/湿、主动/被动、直/弯等一系列同源对立被纳入了身体的秩序和事物的秩序中，形成了一个合法的分类系统。男人的名誉建立在男人对女人的优越性之上。布尔迪厄把这种地中海文化当成理解现代西方社会的范式，阐明性别之间的随意划分如何成为一种自然化的社会建构。他指出，男性中心世界观把统治关系纳入一种生物学的自然中，从而将这种关系合法化，但这种生物学的自然本身也是一种自然化了的社会构造。也就是说，男性统治不是天经地义、自然而然的，而是一种历史构造的产物。

布尔迪厄强调，对男性统治秩序的服从，来自集体历史（系统生成）和个体历史（个体生成）纳入身体的结构——认识、评价和行动模式——与这些结构适用的世界客观结构之间的协调一致。这就意味着被统治者在思考自身、思考统治者或与统治者的关系时使用与统治者相同的认识和评价模式，这些模式以配置的形式存在于他们身体的最深处。女人按照占统治地位的观念，以男人的眼光看待自己，贬低自己，成了统治她们的男人的同谋。

如果说布尔迪厄的批判理论和概念系统（象征暴力、配置、习性等）在30年前的《继承人》《再生产》中，对揭露学校教育制度的不平等相当有效，在《男性统治》中则已经变得平淡无奇。毕竟20世纪70年代以来的女权运动取得了很大成果，至少在西方社会，妇女的家庭和职业地位已经大大提高。布尔迪厄无疑也看到了这一点，但是他重申，认为象征暴力仅仅凭意识和意志的武器就能被战胜，完全是幻想，因为象征暴力的有效性的条件被纳入身体暴力的最深处。难道布尔迪厄信奉一种悲观的宿命论？我倒是认为他在强调首先要摧毁象征暴力的实施条件。妇女要获得解放，仅有觉悟是不够的。只有妇女（以及所有被统治者）的境遇从根本上得到改善，也就是她们受压迫的条件被消灭，真正的男女平等和社会平等才能实现。此前他主编的《世界的苦难》（1993）访谈录描述了家庭、学校、工厂、贫民区中存在的各种冲突，以及赤贫无产者、职员、手工业者、农民的痛苦生活，揭露了造成形形色色的苦难的社会机制。他认为这样毫无遮掩的社会观察并不让人绝望："社会世界所做的，由于有了这种知识装备，社会世界也能把它取消。"他这个"左派中的左派"，终于从书斋走上了街头，加入了福柯和萨特的行列。

波伏娃在《第二性》中说："女人不是生而为女人的，而是被变成了女人。"这句话对女权主义运动的影响毋庸置疑。认识上的进步终究会促进行动上的进步。布尔迪厄的《男性统治》正是要从理论上颠覆表面上自然的、合法的性别等级，从实践上为妇女解放提供更大的可能性。

翻译这本书让我在思想上受益匪浅。在此，我感谢中国人民大学出版社给了我再一次修正译文的机会（《男性统治》的第一个、第二个译本分别于 2002 年、2012 年由海天出版社、中国人民大学出版社出版）。书中的任何翻译错误，恳请读者指正。

刘晖

2016 年 3 月 18 日于通州

图书在版编目（CIP）数据

男性统治/（法）皮埃尔·布尔迪厄（Pierre Bourdieu）著；刘晖译. —北京：中国人民大学出版社，2017.1
（布尔迪厄作品）
ISBN 978-7-300-23648-3

Ⅰ.①男… Ⅱ.①皮…②刘… Ⅲ.①男性-性社会学-研究 Ⅳ.①C913.14

中国版本图书馆 CIP 数据核字（2016）第 279548 号

布尔迪厄作品
男性统治
[法] 皮埃尔·布尔迪厄　著
刘晖　译
Nanxing Tongzhi

出版发行	中国人民大学出版社			
社　　址	北京中关村大街 31 号	**邮政编码**	100080	
电　　话	010－62511242（总编室）		010－62511770（质管部）	
	010－82501766（邮购部）		010－62514148（门市部）	
	010－62515195（发行公司）		010－62515275（盗版举报）	
网　　址	http://www.crup.com.cn			
	http://www.ttrnet.com(人大教研网)			
经　　销	新华书店			
印　　刷	北京联兴盛业印刷股份有限公司			
规　　格	148mm×210mm　32 开本	**版　　次**	2017 年 1 月第 1 版	
印　　张	7.125 插页 2	**印　　次**	2024 年 9 月第 8 次印刷	
字　　数	108 000	**定　　价**	38.00 元	